PAIXÃO E SIGNIFICADO DA MARCA

arthur *Bender*

PAIXÃO E SIGNIFICADO DA MARCA

PONTO DE VIRADA E TRANSFORMAÇÃO DE MARCAS CORPORATIVAS, MARCAS PESSOAIS E DE ORGANIZAÇÕES

Integrare
business

Copyright © 2012 Arthur Bender
Copyright © 2012 Integrare Editora e Livraria Ltda.

Todos os direitos reservados, incluindo o de reprodução sob quaisquer meios, que não pode ser realizada sem autorização por escrito da editora, exceto em caso de trechos breves citados em resenhas literárias.

Publisher
Maurício Machado

Supervisora editorial
Luciana M. Tiba

Assistente editorial
Deborah Mattos

Coordenação e produção editorial
Estúdio Sabiá e Valéria Braga Sanalios

Preparação de texto
Hebe Ester Lucas

Projeto gráfico de capa e de miolo / Diagramação
Nobreart Comunicação

Foto de quarta capa
Alessandro Jacoby

**Dados Internacionais de Catalogação na Publicação (CIP)
(Câmara Brasileira do Livro, SP, Brasil)**

Bender, Arthur
    Paixão e significado da marca / Arthur Bender. – São Paulo :
Integrare Editora, 2012.

    ISBN 978-85-8211-036-2

    1. Clientes - Contatos - Administração 2. Marcas de produtos
3. Marcas de produtos - Administração 4. Marcas de produtos -
Marketing I. Título.

12-12475	CDD-658.827

Índices para catálogo sistemático:
1. Marcas comerciais : Marketing : Administração de empresas 658.827

Todos os direitos reservados à
INTEGRARE EDITORA E LIVRARIA LTDA.
Rua Tabapuã, 1123, 7º andar, conj. 71-74
CEP 04533-014 – São Paulo – SP – Brasil
Tel. (55) (11) 3562-8590
Visite nosso site: www.integrareeditora.com.br

*Dedico este livro a minha família. A melhor família do mundo.
Paula, minha mulher, e meus filhos Enrico, Lorenzo, Nicolau e Fernanda.
Amo muito todos vocês.*

*Dedico este livro também a todos os profissionais apaixonados pelo que
fazem. Gente que não se conforma com a mediocridade e que, com brilho
nos olhos, transforma este mundo num lugar melhor para se viver.*

agradecimentos

A lista de agradecimentos é grande e o risco de deixar alguém especial de fora é enorme. Então pensei seriamente se devia ou não fazer uma lista de agradecimentos citando nomes. O meu lado esquerdo dizia que não, mas o lado direito do cérebro insistiu tanto, que venceu e resolvi correr o risco. Por quê? Porque eu acho que sou um privilegiado que recebo muito da vida. Recebo coisas boas de muita gente e, por mais que eu agradeça, sempre será pouco perto do que já recebi. Então, espero não magoar ninguém por algum esquecimento (que certamente acontecerá), e poder dizer um grande muito obrigado a todas as pessoas que de forma direta ou indireta contribuíram para este projeto.

E os meus primeiros agradecimentos não poderiam ser para ninguém menos do que meus sócios na SELLING, Paula Leonardi e Alessandro Jacoby. Agradeço a vocês dois pelas incontáveis vezes que os deixei sozinhos no meio do turbilhão porque precisava cumprir alguma agenda junto aos clientes, palestras ou na construção deste projeto. Paulinha, muito obrigado pela tua compreensão e pelo incondicional apoio que sempre recebi de ti. Tu sabes que este projeto não existiria sem a tua ajuda.

Agradeço também a toda a minha equipe de planejamento, aos gestores na Selling e a cada um dos colaboradores das nossas empresas. Obrigado pela ajuda de vocês no sucesso do projeto da Selling — que me permitiu escrever com muito mais propriedade sobre marcas e negócios. Obrigado, Martins, por manter as coisas em ordem para que a gente pudesse crescer. Duda, Paulinha e Ju, obrigado pelo talento de vocês na KEY JUMP enquanto corríamos juntos em workshops de estratégia, viagens, pesquisas e planejamentos de marca. Eu não teria conseguido terminar este livro sem a ajuda de vocês. Agradeço também a Aline, minha secretária, pela imensa ajuda em todos os momentos deste projeto e na condução da minha agenda. Obrigado, Aline.

Obrigado, mãe, pelo teu incentivo de sempre. Obrigado, Elenara e Dani, pelo exemplo de vida de vocês. Obrigado, Solano, pela tua amizade e pelos conselhos de vida em todas as horas. Obrigado, dona Lia e seu Raul, Fernanda e Raul, pelo incentivo de sempre em torno do tema livros e seus desafios. Obrigado, Maurício Machado, publisher da Integrare Editora e o maior responsável por este projeto. Obrigado, pela tua generosidade, pelo profissionalismo da Integrare e pela paciência em esperar os dois anos de muito trabalho nestes originais. Obrigado por ter acreditado. Na Integrare, ainda, o meu muito obrigado à Luciana e ao Júlio pela solução nas incontáveis trocas, solicitações, negociações e pedidos sempre atendidos. Obrigado a vocês e a cada um dos profissionais da equipe Integrare.

Eu também queria agradecer aos meus clientes da Selling e da Key Jump. A todos vocês, o meu muito obrigado. Vocês podem ter certeza de que aprendo sobre negócios e branding todos os dias com cada um de vocês e este livro é resultado deste aprendizado. Devo isso a todos os meus clientes, sem exceção, mas me arrisco aqui a destacar alguns. Obrigado, Peter, pela confiança nestes anos todos que estivemos juntos. Aprendi muito contigo sobre negócios e sobre a força dos valores na vida, além do mundo dos negócios. O meu muito obrigado especial também ao Daniel, pela parceria e pela confiança em mais de uma década de trabalho conjunto em torno do sucesso de uma marca. O meu obrigado especial ao Chan, Messias, Reinaldo. Vocês são grandes exemplos para mim. Obrigado, Clarice, Cris, Marcelo, David, Rogério, Dailton, Mirson, André, Camila, Luciano, Fabi, Jeane, Alexandre, Carla, Carol, Maíra e todo o resto da equipe. Minhas segundas-feiras não são as mesmas quando não vejo vocês na nossa reunião de *trade*. Obrigado, Lioveral. Tu és um grande exemplo de vitalidade e garra. Agradeço muito a tua confiança e a do Strassburger em nosso projeto. Espero poder sempre retribuir a vocês a confiança. O meu muito obrigado também aos competentes e incansáveis clientes e amigos Marcus, Rodrigo, Sabrina, Marino. O meu obrigado também a Paulina. É um grande prazer trabalhar contigo e compartilhar da tua amizade. Obrigado também ao Eduardo. A tua energia e dedicação são incríveis. Obrigado, Eduardinho, Julio, Rafa, Fran e todos que fazem esta equipe sensacional. Aprendo muito sobre marca e varejo com vocês. Obrigado, Castro, Francisco, Sílvio, Tércio, Eliane, Moraes, Bruno, Paulina e equipe. É muito bom trabalhar com vocês e planejar esta marca. Obrigado, Dr. Jorge, pela confiança e generosidade. Não preciso dizer que o seu exemplo é fonte de muita inspiração e, a sua obra, referência para mim. Este projeto defende marcas com propósitos, então não vejo obrigado mais apropriado do que ao seu exemplo de vida. Obrigado, Gasparetto, pela confiança e pelo aprendizado que tenho contigo. Obrigado especial para Ana, Maria e toda a equipe, pelos desafios de marca que adoramos resolver! Obrigado, Cama, pela tua cultura e tuas histórias de vida que nos enriquecem. Obrigado, Denise, pela parceria. O meu obrigado especial ao Santoro e à Maria Elena. Vocês dois são pessoas muito especiais para mim.

Obrigado, Eduardo Mendonça. Foi muito bom encarar este desafio junto contigo, com a Alessandra, com a Camila, Otávio e toda a nossa equipe. Planejar com vocês é um grande orgulho para mim. Obrigado, Telmo, pela parceria e pelos desafios que encaramos juntos em várias frentes — que não foram nada fáceis. Tua energia e determinação são exemplares. Aprendo muito contigo. Obrigado ao Cláudio e ao Wesley também. Vocês formam um trio vencedor e muito especial. Bruno, obrigado por tudo. Obrigado, Professor Osvino e Mônica. Vocês são pessoas inspiradoras. Obrigado, Flávio, Hilário, Bruno e Irmã Adélia. Planejar para vocês foi uma experiência enriquecedora e aprendemos muito. Obrigado, Milton, Moreira, Beta, Adriana e toda a equipe. Gostamos muito de trabalhar com vocês e de lutar para tornar as coisas mais simples e mais fáceis! Obrigado, Rejane, pela confiança em nosso trabalho e pela parceria em todos os momentos que passamos juntos. Obrigado, Duda Melzer, Casara, Goron, Bach, Elaine, Sandra e Fernanda pela possibilidade de fazer o que mais adoramos: planejar marcas com vocês. Gostamos muito de ser contagiados pela energia de vocês. Obrigado também ao Donádio, pelo incentivo às minhas palestras e pelo exemplo de energia. Obrigado também a Anik e Tássia. Admiro muito a energia e o talento de vocês. Obrigado, Ronald e equipe. Adoro o desafio de marca que temos pela frente. Obrigado, Barouki, Mauro, Gustavo e Graziela por nos fazerem sonhar nas nuvens com vocês. Obrigado, Sr. Olívio, pela confiança. Obrigado também ao Beto, a Suzana, a Maria Lina e ao Pezzi. Vocês são clientes muito especiais para nós. Contem sempre com a gente! Obrigado, Arlete, pelo teu exemplo de vida e pela energia que tu consegues imprimir aos negócios. Obrigado, Priscila e Norton, pelo talento e pela garra de vocês. Obrigado, Mauro e Renata, pelo exemplo de paixão que vocês colocam no negócio. Vocês são incríveis nisso. Aprendi muito sobre paixão com vocês. Enfim, agradeço a todos os meus amigos e pessoas que, de alguma forma, contribuíram e me incentivaram para a realização deste projeto. A todos vocês, o meu MUITO OBRIGADO!

prólogo

MANIFESTO PELO RESGATE DA PAIXÃO E DO SENTIDO NO QUE REALIZAMOS. OU UM PRÓLOGO INDIGNADO CONTRA MARCAS SEM SIGNIFICADO*

Não sei se você está satisfeito com o nível dos serviços que recebe, mas eu tenho me indignado muito com a qualidade do que tenho recebido nos mais diferentes segmentos de mercado. Minha percepção é que, salvo raras exceções, parece que uma parte considerável das marcas e dos profissionais ligou o modo automático de relacionamento com seus clientes e passou a gritar em coro alguma coisa como:

Dane-se! Nós não ligamos mais para você!

Acredito que essas marcas medíocres nunca entregam o que prometem porque nem elas sabem quem são, o que representam ou que valor podem entregar. São marcas perdidas, sem significado, sem causa, sem propósito, marcas sobreviventes, sem sal, sem tempero, mornas — que serão inevitavelmente atropeladas pela falta de relevância.

---

*Este prólogo é uma homenagem a Tom Peters e à sua pregação de décadas pela excelência. É o meu tributo ao escritor brilhante e sempre indignado que sonha em transformar a realidade por meio da excelência. Este manifesto é uma inspiração no jeito de escrever do prólogo "Estou furioso", escrito por ele no livro Reimagine! Uma homenagem a um profissional brilhante e um sujeito realmente apaixonado pelo que faz.

E quando reflito sobre temas como significado das marcas, paixão dos profissionais, propósito de vida, causa que move marcas e pessoas, passo a ficar decepcionado e indignado com outras coisas que, para mim, são correlacionadas. Como bons-dias mornos, por exemplo. Aqueles que são expressos sem a mínima vontade, forçados, que nem deveriam ser pronunciados porque não representam o desejo de um bom-dia. Esses cumprimentos, pelo contrário, funcionam como um enorme cartaz escrito no peito:

Estou mentindo, viu? Não me importo nada com seu dia! Não me importo nada com você. Estou somente sendo sociável!

Fico irritado também com outras coisas que estão diretamente ligadas a paixão e significado no que fazemos. Como a lentidão no atendimento quando tudo de que você precisa naquele momento é só um pouquinho mais de agilidade, de boa vontade, de energia, um pouquinho mais de atenção e respeito. Nessas horas você fica esperando no balcão, olha o relógio e torce, olha de novo e reza baixinho para que alguém venha salvá-lo, por fim pede ajuda, suplica, mas infelizmente, na maioria das vezes, nada acontece. Você fica tremendamente frustrado, porque isso tudo virou algo normal. Parece que ninguém mais se importa com nada numa sociedade congestionada como a nossa, em que muita gente ligou o piloto automático.

Fico indignado com marcas que são puro desleixo e desrespeito para com seus clientes. Marcas de produtos, de organizações e de profissionais que não estão nem aí para os seus públicos. Marcas que não cumprem acordos verbais nem escritos. Marcas que não cumprem nada do que prometem. Que vivem de armadilhas e emboscadas quando tudo de que gostaríamos, como consumidores, seria o contrário: um pouco mais de respeito. Por isso fico muito indignado com a estratégia burra de algumas marcas e com a enorme miopia de alguns profissionais do marketing e do branding.

Fico revoltado com a precária prestação de serviços que recebemos na maioria das contratações. Não importa se de empresas grandes ou pequenas, ou de que tipo de profissional. Da concessionária do seu carro caríssimo, que cobra o trabalho por hora, ao humilde pintor do seu apartamento, que cobra por empreitada. Esses resvalos passam por todos os setores. Passam pelo eletricista, pela faxineira, pelo médico, instalador de móveis, atendente, vendedor, publicitário, vigia, jornalista, porteiro, engenheiro, arquiteto. Passa pelos mais diferentes segmentos e mais diversos serviços. Não sei se você concorda comigo, mas está ficando muito raro sair encantado de algum serviço desses. Você tem ficado encantado? Eu não. Nada mesmo. Tenho ficado cada vez mais indignado. Na verdade, p... da vida!

Minha indignação é com profissionais que não cumprem horários, prazos, promessas. Não cumprem quase nada. Gente que empurra qualidade sofrível, entrega trabalhos malfeitos e as desculpas esfarrapadas de sempre. E o que me tira do sério: o impressionante conformismo que manifestamos ao tolerar tudo isso.

Fico indignado também com gente que só quer levar vantagem, com profissionais de péssimo caráter, com quem gosta de ganhar no grito e com gente que acha que não precisa de mais ninguém. Marcas de empresas e de profissionais arrogantes que, com suas experiências, nos dizem claramente:

Eu não dou a mínima! Dane-se você!

Fico revoltado com quem não pede desculpas, com porteiros mal-humorados, com motoristas de táxi que não gostam de corridas curtas, com médicos que atendem sem olhar nos olhos, com aperto de mão sem força, com beijo que não toca o rosto, com publicitários que não gostam de clientes, com vendedores que têm vergonha de vender, com gente que se acha esperta e que enrola todo mundo, com pessoal da limpeza que não limpa, com atendentes que não atendem, com gente que só lê as orelhas dos livros, com jornalistas que têm preguiça de pesquisar antes de entrevistar, com redator que não gosta de ler, com pessoas cujas primeiras palavras são sempre "não dá" (essas são as mais insuportáveis), com cozinheiros que não aguentam o calor do fogão e garçons que não gostam de restaurante cheio porque dá muito trabalho.

Fico muito irritado com gente que só reclama e também com quem não reclama, mas que bufa, faz careta, torce os olhos... Com gente esponja, que suga energia dos outros no escritório, com gente rabugenta, ranzinza, azeda, com quem entrega serviço sofrível disfarçado de atendimento normal e que com isso deixa claro:

> Que não está nem aí para mim, para você, para a marca da empresa que ele representa ou para a própria marca dele.

E não preciso dizer que também me irrito muito com atendimentos eletrônicos e seus menus irritantes, que são feitos para que você não os use (alguns para debochar da sua inteligência), que tiram todo e qualquer restinho de paciência, de delicadeza e de educação que você tenha na vida e que dizem:

> Não queremos falar com você. Queremos somente o seu dinheiro, de preferência sem vê-lo ou saber das suas opiniões.

O que me deixa indignado assim é ter de tratar com gente grosseira que grita com os outros para poder impor suas verdades — ou mascarar suas incompetências e fragilidades. Fico realmente irritado por ter de lidar com gente que não consegue negociar sem querer passá-lo para trás, gente que não consegue se relacionar, que não consegue ceder, que só quer ganhar, gente que deixa claro o tempo todo que:

> Não se importa nada com você. Gente que acredita que pode passar por cima de você.

Péssimas experiências de marca. E me incomoda muito mais o conformismo que tomou conta de todos nós. Porque, dessa forma, estamos sendo igualados e arrastados para a lama da média. Essa média sofrível que arranha a imagem, subtrai valor das marcas e destrói a reputação das organizações.

Nessas horas, me pergunto: por quê? Por que avançamos tanto em algumas coisas e ainda estamos tão atrasados em outras? Por que nos indignamos tanto com algumas coisas no mercado e em relação a outras baixamos a cabeça e simplesmente toleramos? Por que aceitamos isso?

> Por que nos tornamos tão passivos em relação à mediocridade e à péssima prestação de serviços de marcas, profissionais e organizações? Você sabe?

Pode ser que você tenha várias explicações para isso. Talvez diga que é porque estamos crescendo muito, o mercado é muito dinâmico e que é assim mesmo. Será?

Talvez você diga que é por causa da nossa formação cultural, da miscigenação de raças, do sincretismo religioso, do calor da linha dos trópicos ou coisa que o valha. Ou talvez seja por causa do mito cristão da redenção pelo sofrimento. Ou porque temos um extenso litoral e há uma tese que diz que a brisa do mar causa preguiça nos povos litorâneos, por isso eles são mais lentos. Será?

Pode ser que você encontre inúmeras outras razões. Pode ser a herança lusitana, o mito do herói Macunaíma e sua preguiça ou o jeitinho brasileiro para trabalhar menos. Enfim, deve existir muita tese sociológica bacana para justificar o nosso conformismo com a educação de baixa qualidade, a leniência em relação a estradas esburacadas, cidades inseguras, criminalidade, ruas sujas, congestionadas, e à baixa qualidade dos serviços que recebemos em boa parte do mercado.

Você pode dizer que a causa deve ser um pouco de cada uma das citadas acima, mas eu acredito que na raiz de tudo há algo muito maior e mais grave:

> A falta de significado, de causa e de propósito em muitas marcas pessoais e no mundo corporativo.

Acredita? Isso mesmo. Creio que na raiz da "baixa qualidade de entrega" do que recebemos em muitos dos serviços que adquirimos está a NÃO COMPREENSÃO DO PRÓPRIO SENTIDO DESSAS MARCAS. Por quê? Porque quando não encontramos significado no que fazemos, nos distanciamos muito de qualquer possibilidade de FAZÊ-LO COM EXCELÊNCIA. Não interessa o quê. E isso, irremediavelmente, destrói qualquer possibilidade de fazer brotar paixão e brilho nos olhos. Por quê? Por uma razão bem simples:

> Porque viver sem propósito é viver sem paixão. E sem paixão, não existe chance de a sua marca chegar a ser reconhecida como excelente.

Se você não encontra significado no que faz, nunca chegará a ser tão bom a ponto de encantar alguém. Simples assim. E o pior, não sendo tão bom e não tendo brilho nos olhos, você (mesmo sem querer) acaba deixando um rastro de mediocridade por onde passa. Essa mediocridade dos serviços malfeitos, das entregas sem brilho, da qualidade sofrível arranha a reputação de marcas, rouba prestígio de grandes organizações, lesa o bolso de acionistas, rouba valor dos negócios e faz andar para trás muitas carreiras profissionais. E isso me deixa indignado porque não vejo ninguém levantando essa bandeira e porque acredito que:

> A paixão pelo que se faz e a excelência que resulta dessa paixão tornam-se uma força invencível no mercado. É isso!

Isso é muito importante. Essa força é definitiva para a transformação que sonhamos para nós mesmos, para as nossas empresas, para as marcas que gerenciamos e para o mundo. Por isso defendo a ideia de que PAIXÃO E SIGNIFICADO, PAIXÃO E CAUSA, PAIXÃO E PROPÓSITO podem ser os pontos de desequilíbrio para marcas, negócios, organizações ou para a carreira de profissionais. E acredito também em outra coisa que acho vital para o sucesso das marcas na competição deste século:

> Será muito difícil a sua marca vencer somente pela técnica. Neste terreno, marcas com propósitos e paixão farão toda a diferença.

Por isso a minha indignação e este manifesto urgente que escrevo gritando! Precisamos agora é de gente tão indignada que nunca mais consiga ficar calada quando o assunto for excelência. Precisamos de gente tão indignada que não se conforme com a mediocridade e que vire a mesa de reuniões de cabeça para baixo, se for possível, no próximo encontro de gestão de pessoas — ou de gestão da marca! Precisamos de gente tão indignada que não consiga mais ficar calada quando tiver de encarar os problemas dentro da própria empresa! Precisamos de gente que invada a sala do marketing, convoque a diretoria e o CEO se for preciso, mas que não se conforme em continuar a trabalhar para uma marca que se afoga na média.

Na verdade, precisamos de gente que se envergonhe de andar na média. De gente que acredite e que ensine seus filhos que não vamos fazer nada de genial no mundo tirando 7,0 na escola e passando raspando na média. Precisamos de gente que passe a odiar e a se indignar com resultados medianos!

E como acredito que o mundo só será transformado pelos inconformados que conseguem se indignar com a realidade, espero que este livro funcione como:

Um manifesto contra a falta de tesão no que se faz e um sermão indignado pelo resgate do significado das marcas!

Que este livro seja uma bandeira empunhada pelo resgate do prazer e do sentido no que realizamos. Uma bandeira pela virada na nossa vida. Uma bandeira pela transformação da nossa empresa, da nossa marca, da nossa organização, da nossa cidade, do nosso Estado, do nosso país! Mas essencialmente uma bandeira de inconformismo.

Uma bandeira pela transformação urgente das nossas organizações e pelo resgate dos princípios e valores em que acreditávamos quando ainda tínhamos a capacidade de sonhar em transformar alguma coisa! Que este livro seja um manifesto pelo não conformismo com os olhos opacos de gente infeliz de crachá no peito, que faz coisas sem sentido, batendo ponto e se forçando a continuar.

s u m á r i o

Introdução 21

PRIMEIRA PARTE | INQUIETAÇÕES PESSOAIS

Capítulo 1
O encontro do sentido e a chegada da paixão 33

Capítulo 2
Casebres e catedrais: o significado que atribuímos ao que fazemos 55

SEGUNDA PARTE | CONTEXTO

Capítulo 3
Mundo complexo 73

Capítulo 4
Uma era de excessos 81

Capítulo 5
O efeito teflon do seu cérebro 107

Capítulo 6
O efeito divergência no mercado e o dilema entre o excesso
e a escassez 131

TERCEIRA PARTE | CAMINHOS

Capítulo 7
Os paradoxos das nossas relações 161

Capítulo 8
Comportamento paradoxal e a busca 189

PARTE FINAL | REFLEXÕES

Capítulo 9
O valor do significado para as marcas ou como se diferenciar no meio
do rebanho da mediocridade corporativa 213

Capítulo 10
10 *insights* para a transformação da sua marca 247

introdução

introdução

Por que um **livro de negócios** que fala sobre **paixão, significado e propósito?**

Cada vez mais acredito que pessoas apaixonadas pelo que fazem são o grande ponto de desequilíbrio para o sucesso tanto de marcas corporativas como de marcas pessoais. Penso muito sobre isso e estou cada vez mais convicto de que a paixão possa ser um dos principais fatores de sucesso nas organizações, o motor que acelera carreiras e que leva à excelência marcas pessoais.

Talvez jamais tenhamos certeza absoluta disso, porque o assunto é complexo e depende de uma série de fatores que envolvem não só o mercado profissional, mas também a época em que vivemos, o ambiente empresarial, o grau de competitividade do setor, a cultura de cada lugar e, essencialmente, envolvem pessoas por trás dos crachás. Pessoas por trás dos profissionais. Pessoas por trás dos consumidores. E essa variável acaba sendo, por vezes, incontrolável. Não preciso dizer a você que, quando se trata de pessoas, temos pela frente o maior desafio empresarial dos nossos tempos.

Por isso este livro, que tem no título a palavra "paixão", fala de comportamento, de macro e de microtendências, de relacionamentos, de sociedade e de mercado de consumo, mas, essencialmente, fala de pessoas.

A diferença da **paixão**

Por força da profissão, leio tudo o que consigo descobrir sobre novas técnicas de gestão, estratégia, excelência, novos métodos e ferramentas de inovação para as empresas. Faço consultoria de estratégia de negócios e posicionamento de marcas e, nesse trabalho, tenho a oportunidade de conviver com muitos profissionais das mais variadas formações. Também realizo palestras e seminários em diferentes setores e regiões do país, por isso viajo muito e me tornei um observador privilegiado do comportamento humano no mundo profissional em múltiplas organizações.

Com base nessas experiências, que já somam bem mais de duas décadas de trabalho, passei a acreditar cada vez mais que SERES HUMANOS APAIXONADOS PELO QUE FAZEM CONTINUAM SENDO IMBATÍVEIS COMO FATOR DE SUCESSO PARA AS ORGANIZAÇÕES. Tenho comprovado isso praticamente todos os dias.

Você não acredita? Eu acredito muito, e tenho várias razões para isso. Acredito que um grupo apaixonado é capaz de levar "no braço" organizações inteiras, mesmo que desprovidas de métodos ou ferramentas de gestão. Porque gente apaixonada pelo que faz é capaz de encontrar o rumo certo mesmo onde aparentemente ninguém sabe ao certo se as coisas terão um rumo. Pode constatar: gente apaixonada pelo que faz mais cedo ou mais tarde encontra o norte e ajuda todo o grupo a corrigir a rota, se for o caso. Porque os apaixonados são naturalmente intuitivos quando se trata de encontrar caminhos. Parece que a paixão ilumina e fornece clareza quando os outros não enxergam mais nada. Então, mesmo sem apoio ou método, os apaixonados vão lá, procuram, instigam, questionam e acabam iluminando o caminho.

Também acho que os apaixonados são imbatíveis porque constato que gente que ama o que faz produz muito mais que a média. E produz não só acima da média quantitativamente, mas também produz muito mais em termos de qualidade. Ou seja, os apaixonados pelo que fazem desequilibram organizações porque entregam mais em todos os sentidos. Assim, eles conseguem não só gerar mais valor para a organização onde atuam, mas também para as pessoas à sua volta e, com isso, favorecem a transformação do ambiente. Só isso já seria maravilhoso.

Mas a maior diferença, creio eu, vem da enorme capacidade que os apaixonados pelo que fazem têm de acreditar que o que realizam DÁ SENTIDO ÀS SUAS VIDAS. E desse sentido de realização, desse "encaixe" no mundo, vem o brilho nos olhos, a energia, a excelência, a resiliência nas dificuldades, o inconformismo e a vontade de transformar e fazer cada vez mais.

É desse sentido que eles encontram no "fazer" vem também a vontade constante de superação. Pode reparar que essas pessoas não param nunca. Elas têm sempre muita inquietação e vontade de aprender, de se mobilizar e de fazer um pouquinho mais. Essas pessoas também querem fazer a diferença e, dessa forma, tornam-se fonte de mais paixão e brilho nos olhos. Uma energia muito boa que contagia e transforma tudo: as marcas, os lugares, as organizações e as pessoas à sua volta.

Com base nessa crença, passei a entender que gente que ama o que faz ama, justamente, porque encontrou esse sentido maior — esse sentido de construção de legado — que transforma trabalho em missão, emprego em realização, projetos em desafios de vida, empreendimentos em ideais. Por isso este livro de negócios aborda marca e significado e abre os primeiros capítulos falando de paixão. Paixão que, para mim, é resultado desse sentido de construção e que se torna vital para a prosperidade de qualquer empreendimento.

A **paixão** como dínamo do **ambiente empresarial**

Por isso, neste livro, defendo a ideia de que a transformação da sociedade, das organizações e das marcas não está no esforço da motivação coletiva, no caminho de fazer todos "vestirem a camisa da empresa", mas no esforço de TENTAR FAZER CADA UM ENCONTRAR O SEU PRÓPRIO SENTIDO, A SUA "PRÓPRIA CAMISA PARA VESTIR". A sua própria causa. Porque isso faz uma diferença incrível.

O esforço das organizações ganha uma nova dimensão e um novo desafio: o de ajudar cada colaborador a buscar o seu "encaixe perfeito", o seu "sentido maior", o **SEU SIGNIFICADO COMO INDIVÍDUO E COMO MARCA PROFISSIONAL**. O esforço deve ser no sentido de que cada um descubra qual é o seu propósito e a sua paixão, e vá atrás deles, estejam onde estiverem. Esse será o primeiro grande desafio dos gestores de pessoas que querem transformar suas organizações.

O segundo desafio será manter acesa a chama dos apaixonados que sustentam a organização como um empreendimento vivo. Um desafio que, confesso a você, não será nada fácil. Porque, sem esses apaixonados, as empresas podem virar somente prédios, máquinas e um monte de gente com crachá pendurado no peito e listas de coisas a fazer, esperando o salário no fim do mês. Sem esses líderes apaixonados pelo que fazem, as empresas podem perdem seu maior capital, o que chamo de CAPITAL EMOCIONAL: um ativo que vai além do capital intelectual e que pode ser vital como fonte de perpetuação de valor da organização.

O **valor** do **significado** para as **marcas**

O outro grande desafio que envolve SIGNIFICADO E PAIXÃO diz respeito à agenda de empresários e CEOs, porque toca diretamente no desempenho do seu negócio. Executivos, diretores e gestores de marketing precisarão entender rapidamente a singularidade deste momento empresarial e o impacto do PROPÓSITO DA MARCA nas relações com seus públicos e, consequentemente, no resultado dos negócios.

No livro, resgato a ideia de SIGNIFICADO no centro da estratégia de geração de valor para as marcas. Defendo a ideia de que um posicionamento único — que é vital não só para a sobrevivência, mas para a prosperidade — dependerá cada vez mais da competência em encontrar para as marcas UM SIGNIFICADO MAIOR QUE O PRÓPRIO NEGÓCIO QUE ELAS REPRESENTAM. Falo de um PROPÓSITO DE MARCA, uma CAUSA que mobilize todos os *stakeholders* (públicos da marca) em torno dela e que, com isso, a relação ganhe uma nova dimensão e transforme consumidores em seguidores, clientes em adeptos e que os públicos tornem-se cocriadores de soluções de interesse comum — todos como colaboradores da mesma causa. Uma dimensão em que as marcas extrapolam os seus negócios e passam a funcionar como balizadores de mercado, como referência de comportamento, como nossos guias em meio ao caos da sociedade.

Marcas com um propósito maior que o negócio

Por quê? Porque o marketing deste século é menos racional e muito mais emocional. É o marketing que se redescobre mais intuitivo, menos cartesiano, mais verdadeiro, mais feminino. É o marketing 3.0, proposto por Philip Kotler, menos vertical e com interações mais horizontais entre as marcas e seus consumidores.

É a vez do marketing criado e sustentado pelos próprios consumidores que ditam as regras em torno de si mesmos, de seus líderes ou de suas aspirações. Um marketing diferente que tem verdade, integridade, espiritualidade e que busca SIGNIFICADO E RELEVÂNCIA PARA AS RELAÇÕES. E a cola que une tudo isso? Emoção. É a vez de o lado direito do cérebro prevalecer. E é justamente desse lado que é criada e acionada a paixão que nos move.

Por isso, inicio falando de paixão no mundo profissional e do seu impacto transformador nas carreiras e no desempenho das organizações, e termino falando de propósito e significado para as marcas no mundo corporativo. São duas abordagens sobre o mesmo tema. Dessa forma, dedico boa parte do livro a discutir essa nova sociedade na parte que denominei "Contexto". Nela, falo muito de comportamento e das transformações que estamos vivendo e que têm impacto direto na minha e na sua vida, como também nos nossos negócios. Na terceira parte, exploro a ideia de "Caminhos". São janelas para as marcas por meio dos paradoxos que desenvolvemos nas relações e que acabaram moldando nosso comportamento atual. No final, passo a lhe oferecer "Reflexões" para ajudá-lo a transitar nesse novo contexto.

Em ambas as abordagens (marcas pessoais e marcas empresariais), falo essencialmente de SIGNIFICADO, de PROPÓSITO, de CAUSA e da consequente PAIXÃO que resulta delas. Todos funcionam como elementos críticos e pontos de desequilíbrio para marcas corporativas e para marcas pessoais.

Meu discurso está voltado para empresários, CEOs, executivos e líderes empresariais que têm como missão gerir sua própria marca e a de seus liderados. Falo para diretores e gerentes de recursos humanos que têm como tarefa espinhosa manter, reter e desenvolver talentos, e também para diretores e gerentes de marketing com os seus desafios de marca no mercado. Mas este livro também é destinado a profissionais que vivem ardentemente suas paixões profissionais e que terão de lidar com um mundo cada vez mais emocional. Minha intenção é falar também para aqueles que abriram mão de suas paixões e que hoje vivem à procura da própria reinvenção.

Ao longo de dez capítulos tento mostrar a você por que o PROPÓSITO, a CAUSA e o SIGNIFICADO SÃO TÃO VITAIS para as marcas e por que podem ser a plataforma que você tanto procura para a sustentabilidade e a perpetuação de valor da sua organização.

Também tento lhe provar duas outras coisas: a primeira é que você não vai mais conseguir vencer fazendo do jeito que sempre fez, porque existe um contexto diferente que exigirá um comportamento igualmente diferente do padrão atual. Segunda: que a EMOÇÃO pode ser a porta de acesso à mente de um consumidor que não aguenta mais o estresse de uma sociedade saturada de informação e com argumentos racionais que não convencem mais.

Este livro pretende sacudir você como gestor de pessoas, gestor de marcas ou como profissional de marketing e negócios. Balançar o tedioso cinza da sala de reuniões da sua empresa e questionar paradigmas sagrados do gerenciamento de pessoas ou da competição de marcas.

Mas o objetivo maior é oferecer uma profunda reflexão sobre o contexto que estamos enfrentando e uma plataforma para que você possa fazer uma espécie de RESGATE DO SIGNIFICADO DA MARCA DA SUA ORGANIZAÇÃO e, quem sabe até, um resgate dos seus princípios. Um resgate da sua própria marca, perguntando-lhe onde foram parar os seus grandes sonhos, seu idealismo, suas convicções, o prazer de criar, de realizar, de inovar, de gerir, de transformar? Onde foi parar o propósito da marca da sua empresa? Onde foi parar aquele significado da marca que era tão especial e que movia toda a organização? Tudo aquilo que era emoção e paixão ardente no início do empreendimento e que foi se apagando entre muitas reuniões, viagens de trabalho, agenda lotada e planilhas de orçamento.

Então o livro funciona como um manifesto em defesa da força do SIGNIFICADO e do PROPÓSITO como MAIOR ATIVO DA MARCA, seja ela pessoal ou empresarial. E o que proponho é muito simples. Uma viagem permeada por vermelho intenso, dedo no pulso no comportamento da sociedade, busca de janelas, horizontes, caminhos inspiradores e *insights* que possam ser transformadores para os grandes saltos. Enfim, um livro apaixonado. Um livro de marcas carregado de vermelho intenso.

Seja bem-vindo.

Primeira parte

"Os apaixonados são os únicos advogados que sempre convencem. O homem mais simples, mas dotado de paixão, será mais persuasivo do que aquele que, sendo o mais eloquente, não é movido por ela."

René Descartes

Inquietações pessoais

capítulo 01

O ENCONTRO DO SENTIDO
E A CHEGADA DA PAIXÃO

Nesta primeira parte do livro, que eu chamei de INQUIE-TAÇÕES PESSOAIS — parte que contempla os dois primeiros capítulos —, meu objetivo é incomodar você um pouquinho com algumas reflexões sobre a sua marca pessoal. Nestes dois capítulos, me concentro em questões como busca, sentido, significado e o resultado delas: paixão na sua marca pessoal.

No restante do livro, abro essa perspectiva para as marcas em geral — sem excluir a minha e a sua — e falo de mercado e de sociedade. Falo muito em todo o livro de comportamento e de relações, e tento provar a minha tese de que vivemos um momento muito diferente, com grande impacto na função das marcas. Vivemos numa sociedade que chamo de sociedade do excesso — um mercado congestionado, ruidoso, excessivo, superlativo, raso, comoditizado e árido — e que, por isso, emoção e paixão ganham um novo sentido e um novo valor. E é aí, exatamente aí que o significado das marcas passa a ser tão crucial.

Porque creio que numa era de saturação e de profundo estresse, tudo que passamos a querer é alívio e horizontes mais seguros. E marcas que se tornem relevantes na nossa vida a ponto de nos guiar em meio ao caos. Defendo a ideia de que marcas com significado são diferentes das outras porque são marcas que brilham. São marcas que nos contagiam com sua paixão e por isso têm um poder muito especial dentro das organizações.

Por isso, inicio este diálogo com você perguntando algo muito importante para o resto do tempo que talvez venhamos a passar juntos:

Você tem paixão pelo que faz?

Se você não respondeu de bate-pronto, não se preocupe. Dê-se um tempo. Relaxe... Não tem nenhuma pressa... Mas pense bem. Essa resposta não interessa a ninguém a não ser a você mesmo, portanto o tempo é todo seu. A resposta não depende de ninguém, não está em nenhum livro ou manual, não tem como colar do vizinho ou pedir ajuda aos universitários. Só você pode responder.

Deveria ser muito fácil para qualquer um de nós responder, porque, afinal de contas, só há duas possibilidades de respostas bastante simples: SIM ou NÃO.

Se você ainda não conseguiu responder, aqui vai uma dica: perguntar-se em voz alta ajuda porque parece que é alguém estranho perguntando, e não você mesmo. (Só não faça isso se estiver num avião lotado, pois pode parecer estranho um sujeito como você se perguntando sobre paixão.)

Então, vamos lá, em voz alta:

"Será que eu tenho paixão pelo que faço?"

Não sabe responder ainda? Tá bom, esperamos mais um pouco pela sua resposta...

Repita a pergunta com muita calma e, se puder, vá até um espelho, olhe-se bem nos olhos e permita-se escutar a própria voz. Pergunte de novo. Mais uma vez. Pergunte-se baixinho e pausadamente:

"Eu realmente tenho paixão ou não pelo que faço?"

Sem brincadeira nenhuma, sei que pode parecer fácil, mas não é. E explico o porquê (pelo menos o primeiro impacto de estranheza da pergunta que a torna difícil). É simplesmente porque não estamos acostumados a perguntar a nós mesmos sobre isso. Acaba que uma pergunta muito simples como esta se torna estranha e, por isso, difícil de pensar em como responder. Sem estar acostumado com ela, o questionamento parece meio estranho, como se fosse fora de hora.

A pergunta parece sempre incômoda e imprópria, não importa o ponto em que você esteja da carreira profissional. A pergunta se torna incômoda para o iniciante, que não se vê obrigado a responder porque está iniciando na vida profissional. E se torna também incômoda para o veterano, porque parece que, se parar para pensar sobre isso, estará se autoquestionando sobre escolhas certas e erradas que fez há muito tempo na vida. Enfim, você concordará que ela pode ser uma pergunta que parece corriqueira mas, quando paramos para pensar com sinceridade, vemos a magnitude desse sim ou não.

E logo que ouvimos a pergunta, a reação é mais ou menos a mesma com todos nós. Tentamos buscar uma justificativa. Algo que possa nos ajudar a responder. Você então pensa no que conquistou materialmente. Esse é o caminho para ajudar a fugir da resposta que nós sabemos que nada tem a ver com a quantidade de dinheiro que você tem no banco.

Você se abriga no racional, e seu cérebro adota rápido esse caminho como uma solução provisória enquanto você pensa na resposta definitiva. Nesse mesmo momento, você enumera mentalmente todos os bens materiais que amealhou até agora fazendo o que faz para encontrar uma pista. Inconscientemente, é como se você tentasse se convencer lançando uma dúvida para si mesmo: será que eu teria conquistado todos os bens que conquistei se não tivesse um pouco de paixão pelo que faço?

Contradições

E a mesma voz lá no fundo da sua cabeça, que faz um contraponto e diz que tudo isso que você conquistou não vale absolutamente nada (para você mesmo), pois só você sabe o que realmente queria (e mais ninguém), e talvez isso tenha se perdido pelo caminho. Dinheiro, patrimônio, poder, visibilidade não são coisas fáceis de conquistar e a gente sabe muito bem disso. Muita gente batalha uma vida inteira para conquistá-las e não consegue. Outros dedicam cada minuto da sua vida a isso e, mesmo assim, ninguém tem essa garantia. Ganhar ou não ganhar não é o problema. O problema não é ter ou não ter isso tudo, conquistar ou não conquistar. O PROBLEMA É VIVER PARA ISSO. O PROBLEMA É VIVER POR ISSO.

E por falar nisso, **você está vivendo por que causa?**

Porque muito dinheiro, cobertura de três andares de frente para o mar e carros importados na garagem os banqueiros do jogo do bicho no Rio também conquistaram, e nem por isso são, de longe, inspiradores para nós ou para nossos filhos. Pelo contrário, eles são um mal que nós (sociedade) hipocritamente toleramos. Bandidos e corruptos também conseguem ganhar muito dinheiro, mesmo que todo esse dinheiro tenha sujado as mãos de muita gente. Dinheiro, apesar da dificuldade, muita gente conquista. O Brasil de hoje tem até lista de milionários.

Ou seja, acumulação de patrimônio, ter muito dinheiro na conta bancária, tornar-se muito rico, ser visível, conquistar o patamar de celebridade, muito poder podem não significar nada, dependendo de qual é a sua paixão e como ela se encaixa na sua busca pessoal. E qual é mesmo a sua paixão? O quê?

Uma parte do problema

Creio que boa parte de nós não sabe responder com muita exatidão o que está buscando na vida. E vamos ser bastante sinceros: a imensa maioria de nós não tem a mínima ideia do que isso significa. A grande massa segue o curso da vida do jeito que dá. Vive. E segue a vida como ela se apresenta.

No outro extremo, podemos dizer que existe uma minoria privilegiada, um número bem pequeno de pessoas que têm clareza de qual é a "sua busca" e vive isso com um brilho contagiante de paixão nos olhos. Um grupo pequeno de privilegiados que vibra com a sua própria jornada e que entende cada alegria e cada desencontro como parte do projeto de aprendizado contínuo dessa caminhada. Uma minoria iluminada que consegue realmente saber a que veio ao mundo e que tem clareza do caminho que escolheu. Gente que acredita que tem uma missão maior que sua profissão. Gente que luta por uma causa. Gente que encontrou um significado na vida.

Se você já cruzou com uma dessas pessoas, sabe do que estou falando. A gente não sabe descrevê-las, porque são diferentes umas das outras, mas você tem absoluta certeza de que está cruzando com uma quando a encontra. Porque é impossível não ser contagiado por ela.

No centro desses dois extremos, existe um terceiro grupo de pessoas que acredita que deva existir uma busca, mas não tem muita certeza sobre aquela que percorre. Creio que é um grupo que poderia ter sua vida transformada se fosse provocado. Mas sem tocar no assunto, essa grande massa vai vivendo. Uns vivem bem, outros mal. Uns são mais felizes, outros um pouco menos. Uns são chorões lamuriosos (que ninguém aguenta por perto), outros nem tanto, mas todos continuam a viver sem pensar muito sobre isso.

Sem respostas para perguntas não feitas

O problema é que, na verdade, a maioria das pessoas não tem muita clareza do que quer da vida, nem do caminho que está sendo trilhado. E o pior, não se permite fazer perguntas ou se entregar à reflexão, quando essa reflexão é sobre si mesmo. A tendência é colocar todo o peso da responsabilidade sobre os outros, como se o problema fosse sempre alheio, externo. E quando não se quer resolver, o problema ou a solução sempre serão alheios à nossa vontade. Sempre será culpa dos outros, para acobertar a nossa própria incompetência na solução e o nosso desconforto com perguntas sobre o tema.

A **reflexão interna** incomoda

Não pensamos muito nisso porque parar é difícil. Ficar em silêncio para muitas pessoas é um exercício terrível, porque nos acostumamos a conviver com barulho e muita gente à nossa volta. E, quando estamos sozinhos, colocamos fones e música alta. Assim, nunca penetramos no silêncio. E ficar sozinho torna-se doloroso porque, nesses tempos de muita correria, parece que ficar sozinho pensando sobre si mesmo dói.

> "A maioria dos homens prefere morrer a ter de pensar. E muitos morrem." *Bertrand Russel*

Precisamos mostrar aos outros que somos muito modernos e que estamos sempre muito ativos, muito ligados, sabendo de tudo, em tempo real, que precisamos estar sempre em alta rotação. Dessa forma, respiramos sempre ofegantes, andamos de um lado para outro e mantemos tudo em estado de tensão — para que tudo sempre pareça importante. Por isso, boa parte de nós parece ter vergonha de se recolher em si e dizer que precisa parar para refletir. Isso parece fraqueza. Imagine alguém que tenha de parar para pensar! É sinal de dúvida! Coisa de fraco!

Fujo com **os outros** para não ficar **comigo mesmo**

Agimos demais e planejamos de menos (ou não planejamos nada). Corremos muito todos os dias, corremos de um lado para o outro e nos debatemos, esbarramos uns nos outros, afobados, o-p-e-r-a-m-o-s, o--p-e-r-a-m-o-s, o-p-e-r-a-m-o-s, operamos, operamos, operamos e nos caaannnnnnnnnnnnnssssssssssssaaaaaaaamos e não paramos para pensar em por que estamos cansados.

Fugimos como o diabo da cruz da reflexão interna e da avaliação pessoal da jornada porque simplesmente não temos o que fazer conosco mesmos. NÃO HÁ ESPAÇO PARA ISSO. NÃO CABE. Muita gente se olha no espelho e vê um estranho. Preferimos tentar encontrar respostas ativando milhares de conexões em redes sociais do que, na solidão de nós mesmos, ativar nossas próprias conexões para entender melhor o problema. Ter muitos amigos passou a ser meta, mesmo que ao aumentar o número aumente a frustração de não encontrar respostas. O mecanismo parece que passou a ser o de ficar ligado por ficar ligado. Ficar conectado com milhares de outras pessoas para ficar distante de si próprio. Uma pena. Infelizmente.

E assim evitamos os questionamentos profundos sobre nós mesmos — porque, afinal, já pensamos muito sobre a culpa dos outros, sobre as nossas limitações e os nossos fracassos, ou sobre as nossas angústias e dores e, realmente, não dá tempo para aprofundar alguma coisa sobre nós mesmos. E, não querendo saber, não nos perguntamos. Acabamos ficando sem respostas.

Sabemos **de tudo** e não sabemos **de nada**

As coisas se acomodam como estão porque não nos perguntamos mais nada, apenas seguimos o rebanho e sua cantilena. É imperioso que façamos fumaça e mostremos que sabemos fazer. Sabemos sobre tudo, de forma muito larga e rasa e, na verdade, (entre nós) não sabemos de absolutamente mais nada. Vivemos de tópicos, de frases curtas. Reduzimos tudo para poder sobreviver à avalanche de novidades e ficamos extasiados e tontos com tudo isso. Passamos a pensar em até 140 caracteres. Nada mais do que isso.

Acabamos rasos, mesmo vivendo num dos períodos mais brilhantes da humanidade em termos de acesso livre a informação. Um período transformador, rico, abundante, exuberante, mas que ao mesmo tempo se torna paradoxal devido à forma como passamos a tratar a informação.

E, assim, somente operamos. Operamos como máquinas programadas para estar em contínuo movimento, conectadas em grandes redes. Estar conectado tornou-se imperioso, vital, senão você vira um ser de outro planeta. E o que torna mais interessante ainda este período é a ideia de que não discutimos muito a qualidade das redes. Parece que pouco importa com quem você está conectado. O importante é que você esteja conectado.

Seja rápido. Não importa por quê, mas seja rápido

Tudo precisa ser rápido, em tempo real, tudo muito ligado, sempre plugado, mesmo que sem saber o porquê disso tudo nem aonde isso vai nos levar. Você precisa tuitar o tempo todo, mesmo sem saber o que vai dizer. Você precisa gerenciar muitos perfis e, se possível, dizer o tempo todo onde está. Dessa forma, nos conectamos e criamos muitos amigos, fazemos milhares de contatos e seguimos em frente, sempre muito mais ocupados.

Enquanto você se distrai com a fumaça do mundo

Enquanto você se atordoa com tudo isso, as coisas avançam e se decidem na sua frente, na sua porta, na sua vida, na sua cara e você não vê! E sem perguntas nem respostas, o seu mundo passa a ser construído por terceiros na sua frente, as portas vão sendo abertas ou fechadas e os caminhos vão sendo alterados (ou perdidos) sem uma visão muito clara do futuro que estão construindo para você.

Sem questionamentos, é como se você terceirizasse o seu futuro. É como se transformasse a responsabilidade da situação em que você se encontra em uma solução conveniente para os parentes, para os amigos, para os seus contatos na rede social, para a sua empresa, no sabor da sorte do que acontecer.

Você vira **espectador**

Você passa de ator a espectador dessa coisa toda onde está inserido e não consegue sair mais. E como peça (na verdade, uma pequena pecinha), você se torna apenas parte da engrenagem. Você passa a ser prescindível numa máquina que não é sua, que você não planejou. Torna-se parte de uma máquina que você não queria operar ou sobre a qual nunca tinha pensado. Você acaba sendo uma peça descartável, ator alijado do ato, espectador da situação que você permitiu que fosse criada.

Não tendo uma visão muito clara de qual futuro estamos falando, outras perguntas também ficam esquecidas pelo caminho. Você passa a não se questionar sobre mais nada a não ser sobre o corre-corre e o raso cotidiano. Os horizontes de muita gente acabam se limitando ao próximo fim de semana. Essas pessoas acabam presas à visão de pequenos e intermináveis ciclos de cinco a seis dias de trabalho — que para uma boa parcela é um ciclo de sofrimento —, sempre sonhando com o fim de semana ou o feriado. E o ciclo se repete indefinidamente e a vida vai passando.

Se você está mergulhado nessa rotina, talvez só se questione sobre o operacional do seu dia e se esqueça de perguntar SOBRE AQUILO QUE ESTÁ NA RAIZ DE TUDO O QUE ESTÁ PASSANDO — e que continuará a passar no futuro se não fizer nada. Sem clareza alguma sobre o rumo da sua caminhada, atordoado com o operacional (que não para nunca de crescer) e entretido com as suas centenas de conexões e o tempo que elas tomam, você se transforma numa espécie de autista social. Um sujeito que não é atingido por mais nada. Que vive no meio de tudo, sendo bombardeado por muito mais informação do que pode absorver, soterrado por mais tarefas do que pode realizar e que, para se proteger, se acostumou a não reagir mais. Atira-se de cabeça nessa onda para não pensar mais sobre o assunto e deixa a corrente levá-lo para onde tiver que levar.

E nessa neurose toda, nessa correria de um lado para outro sem parar, nessa operação que não termina, nessa fase de não ter mais tempo para nada, você se esquece de um dos mais importantes questionamentos neste momento: A RAZÃO DE TUDO ISSO. A "causa" de que falávamos no início deste capítulo. O que move você? Qual é a sua causa? Qual é a sua paixão?

Esquecemos de perguntar

Minha crença diz que boa parte de nós, por falta de tempo, esquecimento, medo ou preguiça, parou de se perguntar. Percebo que a gente se pergunta cada vez menos. E, acredito, perguntar é a chave de tudo. Então, quem sabe ajude se a gente se perguntar? Coloquei aqui uma série de perguntas para você se fazer.

Perguntas que a gente anda **esquecendo de fazer:**

O que eu quero mesmo da vida?
O que eu REALMENTE quero da vida?
Qual é a minha busca?
O que me move?
Qual é a minha grande paixão?

O que REALMENTE eu tenho paixão por fazer?

O que eu adoro fazer e que de tanto adorar eu pagaria para fazer?

E o que eu faço hoje tem sentido e um significado especial para mim?

Está relacionado com as minhas paixões?

Por que não?

O que eu sempre fiz muito bem?

O que eu sempre fiz tão bem que todos me admiram por isso?

O que eu sempre fiz tão bem que posso me tornar o melhor do mundo nisso?

Quais foram os momentos da minha vida em que pude aplicar isso?

O que faço hoje tem a ver com aquilo em que sou muito bom? Por que não?

Essa paixão pode transformar minha vida? Como?

> "Seja especial — ela dizia sempre. Seja qualquer coisa, menos medíocre."
>
> *Palavras da mãe de Anita Roddick, fundadora da The Body Shop, marca de uma grande rede de lojas de cosméticos que nasceu na Europa e ganhou notoriedade em todo o mundo.*

Acabamos **nos esquecendo** do que realmente **é essencial**

Creio que vamos ficando mais velhos e, de certa forma, vamos endurecendo em relação aos questionamentos que tínhamos acerca dos nossos sonhos e das nossas paixões pessoais e profissionais. Houve uma época em que nos perguntávamos e nos angustiávamos muito com isso, e as perguntas não saíam da cabeça: O que eu vou ser no futuro? O que eu quero ser? Por quê? Do que eu realmente gosto muito? Como vou unir o que gosto com a minha profissão?

Sem medo de se perguntar

As crianças não têm medo de perguntar. Elas pensam sempre em "o que quero ser quando crescer". Mas parece que ao nos "encaminharmos" na vida, simplesmente paramos de nos perguntar sobre de que REALMENTE gostamos e o que REALMENTE queremos ser. Seguimos os rumos que nos levaram até ali — alguns caminhos planejados, outros através de atalhos que o acaso nos forneceu, outros ainda por acidentes, adversidades, vaidades, imposições, planos frágeis ou ausência de planos — e acabamos nos esquecendo das perguntas que realmente eram essenciais em nossa vida.

Nós nos esquecemos, no meio do caminho, das perguntas que poderiam estar nos servindo de guia na caminhada. Dessa forma, tornamo-nos adultos, pais de família, homens e mulheres maduros, profissionais experientes, mas tudo isso sem grandes questionamentos. **Muitos de nós passaram a vida sem se perguntar nada, apenas "se tornaram".** E acabamos premidos pelo importante e pelo urgente, ou pior ainda, somente pelo óbvio, e esquecemos do que era ESSENCIAL para a nossa vida.

A diferença entre o **fundamental** e o **essencial**

Precisamos aprender a diferenciar e a dar a importância devida e os pesos necessários ao que é fundamental e ao que é essencial na vida. Conforme Mário Sérgio Cortella, autor do livro *Qual é a tua obra?*, "essencial é tudo aquilo que você não pode deixar de ter: felicidade, amorosidade, lealdade, amizade, sexualidade, religiosidade".

Essencial, então, a meu ver, é ser merecedor do respeito e do amor da família, é tornar-se um cidadão íntegro, é ser saudável, realizado profissionalmente, feliz, ter uma vida digna e encontrar SIGNIFICADO NAQUILO QUE FAZ. Esses deveriam ser os aspectos REALMENTE importantes das nossas metas e o fim maior da nossa vida.

Trabalhar é fundamental, mas não é essencial. Porque não vivemos para trabalhar. Por isso o trabalho é um meio e não um fim em si. Ganhar dinheiro também não é essencial. É fundamental. Continua sendo um meio de obter outras coisas, mas não é um fim em si. Sem ele talvez não conseguíssemos sobreviver, mas não vivemos exclusivamente para ganhar dinheiro (apesar de eu e você conhecermos pessoas que contrariam esse conceito).

O essencial é fim e ganhar dinheiro é meio. Por isso, deve ser uma parte da estratégia na caminhada, mas nunca o objetivo final. Ou seja, ganhar dinheiro deve ser instrumento, ferramenta, tática, meio para algo maior, REALMENTE essencial para mim e para você. Pois como resume o próprio Cortella: "fundamental é tudo aquilo que o ajuda a chegar ao essencial".

Eu acredito muito na ideia de que quem foca somente no dinheiro acaba nunca ganhando dinheiro. Dinheiro precisa ser resultado de alguma coisa maior que você constrói. Alguma coisa que lhe proporcione significado e que dê sentido à sua vida, e aí você entra de cabeça nisso, VIVE ISSO, entrega-se de corpo e alma e busca incansavelmente a excelência. Por fim, vem o reconhecimento da sua excelência, vem o mérito da sua singularidade, vem o valor percebido para o que você faz e, aí, vem o dinheiro. Então, você precisa continuar a se perguntar.

Agora pense: dá para continuar?

A reflexão a ser feita agora é: dá para continuar a fazer o que você faz e levantar sorrindo na maioria das segundas-feiras? Tem certeza? Repare que não estou exigindo demais. Não falei todas as segundas-feiras, mas "na maioria". Isso dá? Tem certeza?

Dá para encarar com razoável energia a agenda lotada daquela terça-feira pesada? Seja sincero consigo mesmo. Dá para continuar a encarar tudo aquilo que você sabe que vai encontrar na semana seguinte? E no mês seguinte, de novo? Você sinceramente acredita que dá para continuar? Você encontra sentido nisso?

Se você disse sim, parabéns! Você é um afortunado que certamente tem brilho nos olhos! Uma joia rara de se encontrar hoje em dia. Gente que acredita que está neste planeta para uma missão e que faz dessa obra (pequena ou grande) fonte de prosperidade, de energia e de alegria para todos à sua volta. Mas se você não encontra sentido no que faz, pare e comece a repensar as coisas com muita seriedade, porque o problema pode se tornar bem maior.

> "O que não faz nenhum sentido é viver de fazer uma coisa sem sentido." *Arthur Bender*

O **problema** de não encontrar **significado**

Se você não encontra sentido no que faz é porque VOCÊ NÃO SE ENCONTRA. E se você não se encontra, não se reconhece nesse trabalho. E como diz o Cortella: "todas as vezes que aquilo que você faz não permite que você se reconheça, seu trabalho se torna estranho a você".

E se o seu trabalho não permite que você se encaixe, você acaba vivendo à margem, alheio àquilo que faz. Esse é o estranhamento. E quando percebe que faz alguma coisa que não faz sentido para você, é porque esse trabalho o deixa alienado ou alijado, se você preferir. Você é um apêndice prescindível. Você fica desconectado. Você, quando muito, só se envolve, mas nunca se compromete. Você trabalha, mas não se entrega porque não vê RAZÃO no que faz. Não vendo razão, tudo fica frio, mecânico e sem sentido porque você não se reconhece naquela função.

E se você não se reconhece no que faz, o trabalho vira somente obrigação, sacrifício, vira dor, vira punição. E este trabalho que o deixa de fora vira um fardo pesado, destruidor da saúde, da mente, da carreira. É o trabalho que vira luta diária, sacrifício, que se torna sobrevivência (que é o que é para muita gente) e não lhe fornece o que é essencial para qualquer ser humano: SENTIDO NAQUILO QUE FAZ. Entender a coisa toda e compreender a parte que me cabe nisso, e se isso tudo onde estou inserido está em sintonia com o que acredito. É disso que estou falando desde o início: faz sentido para você?

Uma **razão maior** para viver

Você precisa entender uma coisa muito importante: não é só encontrar o trabalho que dá muito prazer (que você nasceu para fazer), mas essencialmente também um sentido para o que você faz. Você precisa encontrar SIGNIFICADO PARA A SUA MARCA PESSOAL. Precisa encontrar significado para fazer a diferença. Precisa encontrar o seu significado para deixar a sua marca pessoal no mundo.

Não é sair correndo ao encontro da primeira paixão ardente de adolescente que cruzar na sua frente, mas entender que o trabalho, além de ser uma paixão pessoal, precisa lhe fornecer uma RAZÃO maior para viver. É do sentido que você encontra, da razão para você, do encaixe perfeito na sua vida que nasce a PAIXÃO DURADOURA. Aquela que vai manter a chama acesa pelo resto da vida. Por isso a busca maior deve ser a de encontrar um encaixe que lhe proporcione SENTIDO. Encontrando esse encaixe, vem a chama transformadora que se torna a paixão duradoura.

A diferença que o significado faz na sua vida

Profissionais que encontram significado no que fazem exercem melhor a função do que aqueles que não sabem por que estão ali, mesmo que façam a mesma coisa. Comprove na sua empresa, no seu escritório, no seu clube, na sua entidade. Comprove com você, com o seu próprio desempenho. Existem profissionais que estão lá (porque não tiveram alternativas ou porque estão perdidos mesmo), e existem profissionais que encontram muito sentido e fazem daquilo (não interessa muito o tamanho do que fazem) uma obra muito maior do que ela realmente é. E, com isso, geram uma energia diferente.

Você nota quando encontra uma pessoa dessas porque é impossível passar incólume por elas. Se você já teve o prazer de trabalhar com uma delas, então sabe o que estou dizendo. São pessoas especiais. São pessoas inspiradoras. Não importa se são arquitetos, pedreiros, porteiros, advogados, motoristas de táxi, secretárias ou médicos. São pessoas que contagiam a todos com alegria e deixam a vida da gente muito melhor. Pessoas que magnetizam e nos envolvem. Que nos mostram o sentido naquilo que fazem e nos arrastam com elas para suas causas. E esse sentido que elas encontraram as faz gerar uma energia mais leve e ao mesmo tempo muito mais poderosa que a energia do restante de nós. Uma espécie de combustível com muito mais octanagem, que as move com muito mais força e mais velocidade.

Gente de quem todo mundo gosta de estar perto. Gente que tem brilho nos olhos e faz desse brilho um convite para a convivência. Gente que produz com muito mais leveza. Gente em que podemos nos espelhar para levantar de manhã. Porque são pessoas que encontraram RAZÃO e SENTIDO naquilo que fazem.

E o que é **esse sentido?**

O sentido de que trato aqui é uma causa, uma missão, uma bandeira especial, uma luta, uma motivação, uma "busca" que faça sentido para você. Em essência, é um sentido maior do que o trabalho que você realiza todos os dias. É algo maior que o contratado e que está escrito na sua carteira de trabalho ou no seu contrato.

É tudo que possa ser percebido por você como maior que a profissão ou o cargo em si. É o horizonte que você enxerga sempre mais distante e que o arrasta naquela direção. É a percepção de valor que você tem daquilo que faz, que lhe fornece um sentido muito maior. É o sentido especial de construção de legado.

Você pode encontrar sentido e razão a partir da técnica que domina e que o tornou excelente — nada menos que o melhor — naquilo que faz. E que agora você encara como uma missão em favor de uma sociedade melhor. Pode ser o compartilhar do seu conhecimento que você passou a encarar como missão de espalhar por aí. Pode ser a sua capacidade incrível de fazer amigos e de colecionar relacionamentos, e que agora você quer passar a empregar em grandes causas que afetam muita gente.

Você pode encontrar sentido sendo médico neurocirurgião ou motorista de táxi. Dona de casa, violonista ou voluntária da creche da esquina. Você pode encontrar sentido fazendo voluntariado naquilo que sabe fazer. Pode encontrar sentido sendo advogado, escritor, jornalista, publicitário, centroavante, baixista num pub nas segundas-feiras à noite. Pode ser qualquer coisa, desde que ENCONTRE O SEU SIGNIFICADO e que isso passe a ter um SENTIDO MAIOR PARA VOCÊ.

Pode ser qualquer coisa que você entenda como mais nobre ou maior do que a descrição fria da sua profissão ou do seu cargo no cartão de visitas. **Algo que pode ser transformador para você ou para as pessoas à sua volta.** Pode ser a obra que você faz sozinho ou a que o torna uma pequena parte de um grande projeto coletivo. O tamanho não importa (nem o da obra, nem o seu no curso da obra). O que importa muito é que isso lhe forneça SENTIDO.

> "Já é hora de o ideal de sucesso
> ser substituído pelo ideal de servir."
> *Albert Einstein*

A **obra** pode ser do **tamanho** que **você quiser**

Essa obra pode ter o tamanho que você quiser. Pode envolver muita gente ou atingir poucas pessoas. Depende somente de você e do que quer como causa na sua vida. Pode ser diminuta aos olhos dos outros e grandiosa para você, desde que faça SENTIDO no decorrer da sua busca pessoal.

Conheço gente com obras grandiosas que tem como objetivo transformar a sociedade e que tem dedicado boa parte da vida a esse projeto, empregando não só o seu patrimônio (colocando a mão no próprio bolso), mas sua empresa, sua rede de amigos, clientes e fornecedores, seu tempo e toda a força da sua marca pessoal para atingir o objetivo. Gente que faz do seu nome uma marca ligada à missão de não só buscar a excelência no seu negócio, mas também de transformar o país onde vive a partir daquilo que sabe fazer, do que tem propriedade e legitimidade para fazer e — muito importante — do que gosta de fazer. E por isso faz, obtém sucesso, transforma e torna-se exemplo para muita gente.

Gente que encontrou razão e sentido no que faz e que, olhando o "quadro maior", estrategicamente compreendeu que daquela forma poderia contribuir não só para o seu negócio, marca ou empresa, mas também para a prosperidade de seus colaboradores, das comunidades no seu entorno e para a transformação da sociedade.

Como também conheço gente que tem uma função bem mais humilde na engrenagem da sociedade e cujos olhos brilham com sua causa grandiosa. Gente apaixonada que descobriu que poderia trabalhar no que já trabalha, fazer o que faz e transformar isso numa causa, numa revolução, numa cruzada, numa vida!

Gente que entende que, mesmo tendo uma posição de alcance limitado e, talvez, de resultados finitos aos olhos de muita gente, alargou seu próprio horizonte e entendeu que faz o que é necessário fazer e que — excepcionalmente bem-feito — esse fazer ganha um poder de transformação idêntico ao da grande obra que atinge muita gente. Cada um com suas ferramentas, seus talentos, suas posições, cada um com seu mérito e todos com o mesmo poder e a mesma força do SENTIDO encontrado naquilo que fazem. A força do significado da marca.

> "A única coisa importante está em como você toca as pessoas. Provoquei um sentimento em alguém? Era exatamente isso o que eu queria. Um sentimento perdura, as teorias não." *Peter Drucker*

Dessa forma, não importa se a sua obra é grande ou pequena, se abrange milhares de pessoas ou é muito importante para apenas uma pessoa além de você. Não importa se envolve muita gente competente ou só você. Não importa se coleciona resultados dignos de publicação de estudo de *case* ou se continua a perseguir somente o "continuar a estar lá fazendo o que faz". Importa o que ela representa para você e o SENTI-DO que encontrou para levá-la à frente. É por isso que eu encerro este primeiro capítulo com as perguntas que nortearam todo o nosso papo até agora.

Qual é a sua paixão?

Qual é o significado da sua marca no mercado?

Qual é a causa que move a sua marca?

Você encontra propósito, sentido e paixão no que faz?

PAI

XÃO

"QUANDO ESTIVER EM DÚVIDA, ADOTE AUTOMATICAMENTE O PADRÃO STEVE JOBS. PERGUNTE COMO O SEU PROJETO, POR EXEMPLO, SE SAIRIA EM UMA ESCALA CUJO GRAU MÁXIMO É: INSANAMENTE GENIAL!"

TOM PETERS

capítulo 02

CASEBRES E CATEDRAIS:
O SIGNIFICADO QUE ATRIBUÍMOS AO QUE FAZEMOS

> "Não vemos as coisas como elas são.
> Nós as vemos como somos."
>
> *Anaïs Nin*

Experimente reduzir tudo **e nada será bom** para você

Se você reduzir as coisas, certamente terá uma visão decepcionante de quase tudo — da maioria das empresas, das profissões e dos cargos que conhece hoje. Ao contrário, se você se permitir olhar as coisas de um modo diferente, mais amplo e buscando significado, terá outra interpretação de muitas funções ou profissões que talvez considere pesadas, insignificantes ou tediosas.

O processo de reduzir e de ampliar pode ser aplicado em quase tudo o que você imaginar — sempre com a mesma lógica de resultados. Você baixa o farol e vê tudo sob as lentes do "apenas lógico" e tudo fica pequeno, frio, básico e, no máximo, necessário. Pelo contrário, se você levantar o farol, tentará dar um significado maior para as coisas, verá encadeamento, sairá do padrão e verá as coisas sob outro ângulo — as coisas ganham um novo sentido.

Funciona desta forma: pense de maneira reduzida numa rede de varejo de eletro e móveis e ela se tornará um lugar que empurra coisas e mais coisas de que as pessoas não precisam, transformando-as em consumidores endividados e cheios de coisas inúteis em casa, que logo precisarão ser trocadas de novo. Se você for o empreendedor de um varejo assim ou se apenas trabalhar lá aprovando o crédito por essa lógica pequena e dura, acabará admitindo que vive para causar prejuízo aos seus clientes. Ou seja, você trabalha para lesar os outros. Faz sentido? Espero que não, por isso quero que você conheça outros exemplos dessa forma reduzida de ver e avaliar o que está ao nosso redor.

Pense nos bancos e diminua completamente o valor desse negócio — você dirá que eles vivem para achacá-lo com taxas de toda ordem. E que eles só lhe emprestam dinheiro para que você afunde em dívidas e não tenha como pagar. Ou seja, você passa a acreditar que os bancos existem para que você viva afundado no cheque especial todo mês. Faz sentido?

Dessa forma, você poderia creditar as mortes no trânsito somente à indústria automotiva e não incluiria os motoristas. Compreende a distorção? Seria como creditar a responsabilidade pela preguiça a quem fabrica camas. Ou ainda responsabilizar a Nigella Lawson ou o criador da receita do sorvete Häagen-Dazs de doce de leite pela obesidade no mundo.

Você compreende o que quero lhe mostrar? Quero que você perceba que pode estar vendo as coisas por uma perspectiva, no mínimo, míope. E a falta de foco pode estar fazendo você entender que o culpado é o mensageiro que lhe traz a notícia. Você pode estar julgando os resultados pelo meio e não pelo fim em si. Talvez pareça muito simplório isto que vou dizer, mas tudo — absolutamente tudo — pode ganhar um novo sentido partindo da sua perspectiva e do significado que você atribui ao contexto. Tudo depende de como você encara as coisas. Há gente que sempre olhará tudo pelo negativo e transformará qualquer coisa em algo sem nenhum significado.

Tudo depende da forma **como você encara a vida**

Por outro lado, há gente que encara as coisas de outra forma. Gente que acredita que lojas são lugares para fazer as compras de que precisamos e que essas compras podem levar alegria e conforto para nossa casa. Da mesma forma que acredita que uma compra não deve ser fonte de problemas. Pelo contrário, a aquisição de um novo móvel ou de um eletroeletrônico que você sonhava para a sua casa deveria gerar mais conforto e mais prazer. E, por fim, gente que olha as coisas de outra forma e entende que uma compra consciente, dentro das possibilidades de cada um, deve ser fonte de muita alegria e de nenhum sofrimento.

Da mesma forma, a relação com os bancos depende do seu olhar e da forma como você encara as coisas. Se você olhar por outra óptica, vai entender que crédito é fundamental para a realização da maioria dos nossos sonhos materiais e que, se usado de forma inteligente e consciente, pode ser o motor do nosso progresso financeiro. Tudo depende da forma como olhamos: reduzida e sem sentido ou ampliada e com um significado que a torna diferente e promotora de transformação.

Odiar ou ter como **aliado**

Por isso já vi muita gente que ganhou e perdeu muito dinheiro e que administra a vida financeira de forma irresponsável. Gente que já afundou por diversas vezes e que odeia bancos. E já vi gente muito mais humilde que precisou financiar quase tudo na vida e que vê o banco como seu melhor aliado no progresso e no patrimônio que construiu. Por isso o crédito pode ser o que você quiser: fonte de infortúnio ou de alegrias. Depende da forma como você o utiliza.

"O cor-de-rosa é o azul-marinho da Índia." *Diana Vreeland*

Experimente viver tentando acalmar um bando de **crianças mimadas**

Pense na função de professor da escola fundamental. Olhe isso de forma reduzida e pessimista e você terá a visão de uma profissão decepcionante. Uma posição em que o profissional não consegue ter autonomia nem poder de decisão sobre quase nada que faz. Você faz sempre a mesma coisa. Só troca o bando de crianças que você não escolhe, mas tem de suportar, no semestre ou no ano seguinte.

Diminua o significado da profissão e você terá o seguinte quadro: um professor de escola fundamental lida com milhares de crianças ao longo da vida profissional e ensina (basicamente) sempre a mesma coisa. Ele precisa seguir um conteúdo programático que não foi ele que determinou (e concordando ou não com o que está no livro de história). Precisa suportar crianças mimadas ou talvez mal-educadas. Ou ambas as coisas. Ou ainda crianças mal nutridas e muitas vezes famintas, ou ambas as coisas também. Recebe esse quadro todo ano sabendo que vai precisar dar tudo de si para cumprir o que foi planejado e deve conviver ainda com uma remuneração que talvez não seja das melhores, se for numa escola pública.

Sendo uma escola pública, em algumas regiões do país, talvez esse professor precise dar aulas em mais de uma escola e se desdobrar em mais de um turno, alternando aulas, ônibus e metrô para conseguir uma remuneração mais digna. Pense ainda que ele enfrentará um calendário de atividades rígido que não pode alterar, transformar ou sequer interferir. Retire valor e reduza o significado da forma como acabei de descrever e você verá que ser professor pode ser muito decepcionante e que a profissão pode ser reduzida ao subtítulo agressivo e negativo que dei para estes parágrafos.

É dessa forma que você descreveria a profissão de professor do ensino básico? É claro que não, mas quando pensamos de forma reduzida é assim que transformamos as coisas. Tudo pode perder a razão e se tornar pequeno. Dependendo da forma como você encara as coisas, tudo pode perder o sentido.

Imagine **viver aprisionado** a uma agenda **lotada**

Imagine agora ser um médico de qualquer especialidade. Pode ser um gastroenterologista, um ginecologista ou um urologista. Imagine se for um endocrinologista e encontrar um bando de gente acima do peso, com problemas de colesterol e diabetes, esperando-o na recepção e afrouxando as molas do sofá novo que você acabou de comprar para o consultório. Pense em atender dúzias de pessoas por dia, todos os dias, sempre com as mesmas queixas, as mesmas dores, mazelas e sintomas.

Reduza tudo, deixe tudo pobre (agressivo e cínico, como estou fazendo) e imagine o que é viver o resto da vida num consultório tão pequeno que só comporta você e o paciente — se a secretária tentar entrar, alguém terá de sair da sala. Reduza tudo, tire o sentido e imagine uma vida prensada entre um armário branco de MDF e uma pequena mesa planejada que precisa de instruções para conseguir se acomodar, num edifício lotado de outros médicos que fazem a mesma coisa que você.

Pense agora em praticamente todas as outras especialidades médicas e imagine uma enorme — uma gigantesca, gorda e imensa — agenda lotada sobre a mesa com todos os horários de atendimentos marcados para todos os dias dos próximos meses e sem nenhuma perspectiva de mudar até o fim dos seus tempos profissionais. Imagine o tédio dessa perspectiva profissional se for encarada dessa forma. Ou seja, uma vida determinada por meses que já estão agendados e fracionada de hora em hora sem o seu completo controle. E pense que este médico precisa atender muitas pessoas por dia porque, para a maioria dos médicos, volume de atendimentos passou a ser uma questão de sobrevivência.

Por essa perspectiva reduzida e pobre, pense na vida que leva um sujeito desses. As mesmas queixas, os mesmos procedimentos, os mesmos exames, as mesmas requisições, as recomendações parecidas, os mesmos congressos, o mesmo papo. Isso é vida? Meu Deus! Por essa perspectiva, por que alguém escolheria uma profissão assim? Mas veja mais.

Viver sob o temor de ser **alvejado por fuzis**

E por que você acha que alguém escolhe ser policial quando poderia ser qualquer outra coisa na vida? Imagine ter de subir morro atrás de bandido, podendo ser alvejado por fuzis. Imagine conviver com a violência, com a miséria, com a incerteza, com a injustiça e algumas vezes com o lado negro e corrupto da própria instituição.

Imagine que esse policial lida com a atribuição de fazer cumprir a lei, quando sabemos que isso pode ser extremamente discutível, dependendo da forma como encaramos as leis, a correção das instituições e a integridade de alguns que as fazem. Imagine tudo de forma reduzida e veja o território nefasto e complexo onde trabalham policiais que escolheram uma profissão por meio da qual, além de ter um emprego e sobreviver, acreditaram que poderiam fazer alguma coisa pela sociedade. Imagine o drama que deve assolá-los em muitas ações diárias.

Imagine a angústia de estar em constante estado de tensão entre vida e morte, lidando com instrumentos que trazem consigo esse poder a qualquer hora. E imagine que, trabalhando em algumas instituições, isso ainda resulta em receber uma miséria pelo que se faz. Se você olhar somente por esse lado, se reduzir as coisas pela perspectiva do farol baixo na estrada, vai se perguntar: POR QUÊ? Por que alguém escolhe ser isso? COMO alguém continua a fazer isso?

> "Se tudo que ela [a vida] faz é manter a si mesma, então viver é apenas não morrer." *Simone de Beauvoir*

Viver mais de frustrações que de **alegrias**

Pense agora em advogados que precisam ir todos os dias a fóruns e repartições públicas, aguentar trâmites e mais trâmites de papéis que no fundo eles não sabem se vão resolver alguma coisa, mas que precisam ser produzidos em pilhas, maços, lotes e caixas cada vez maiores, mesmo com a tecnologia de nossos dias.

Imagine os carrinhos metálicos que os advogados hoje arrastam pelas ruas das capitais e pelos corredores dos fóruns com dezenas de cópias de processos em fardos de papel amarelado com capas verdes de um lado para o outro. Imagine que você é um advogado entre milhões de outros e que este carrinho será o seu grande amigo nas próximas décadas. Pense nas intermináveis idas e vindas desses processos, na produção infinita de petições e na maçante burocracia todos os dias, que vão continuar até a sua aposentadoria.

E tudo fica muito pior se esse profissional for um advogado que acredita na Justiça. Pense nas insatisfações, nas injustiças terríveis sobre as quais você não tem controle nenhum, nem poder de fazer cumprir, de convencer, de provar, de punir ou de reverter. Pense por essa perspectiva e a profissão de advogado será terrivelmente pesada, maçante e decepcionante.

Isso faz algum sentido para você? Você compreende o que quero lhe mostrar? Entende a força da perspectiva de como você vê as coisas? Então conheça mais um exemplo e veja agora não o cansaço, a decepção ou o peso — o lado triste da visão reduzida —, mas também a falta absoluta de sentido das coisas se você quiser transformar tudo.

Viver de correr atrás de uma bola

Imagine descrever o que faz um jogador de futebol. Esse sujeito viaja de um lado para outro, treina, fica concentrado, treina, se alimenta, descansa, treina, se alimenta, descansa, treina, viaja. E trabalha 90 minutos (duas vezes por semana) correndo atrás de uma maldita bola disputada por outros 21 jogadores que deve ser chutada para um gol. Quem enfiar mais bolas no gol do adversário ganha o jogo. Quem ganhar mais jogos ganha o campeonato. E assim por diante, sempre da mesma forma, até que, aos trinta e poucos anos, ele se aposenta.

Se reduzirmos, não faz nenhum sentido. Um jogador de futebol vive de chutar bolas ao gol. Erra muito mais do que acerta. E as pessoas se emocionam com isso. Tornam alguns jogadores (além de milionários) profissionais adorados, amados, respeitados e invejados. Nos jogos, as pessoas pulam, fazem coreografias como crianças, gestos sincronizados, gritam, falam mal, se emocionam, choram de alegria, de tristeza e de raiva. E o planeta inteiro (eu e você inclusive, mesmo que você não goste de futebol) para para ver uma copa do mundo — um dos poucos eventos que conseguem fazer que países literalmente parem para assistir a uma partida de futebol.

Esse negócio, aparentemente inexplicável como profissão, movimenta uma enorme indústria que paga muitos milhões a esses profissionais e rende outros bilhões, gerando e sustentando milhares de empregos nos mais diferentes setores, da indústria ao entretenimento. Tudo isso por uma bola! Isso faz algum sentido? Uma vida inteira dedicada a isso?

Permita-se levantar o farol

Muitos de nós fomos educados a enxergar a vida sob a lente da objetividade e do pragmatismo. E isso é bom. Tornamo-nos mais práticos, mais diretos e mais racionais para enfrentar dificuldades, vencer obstáculos e recuperar derrotas. Mas por vezes essa objetividade deixa tudo muito raso e frio e, decididamente, não somos seres movidos somente pela razão.

A frieza e a objetividade nos ajudam e nos protegem, nos possibilitam o enfrentamento da verdade de que precisamos. Uma espécie de visão tática da vida. Farol baixo que ilumina o meio metro à minha frente necessário para continuar caminhando sem tropeçar. Mas quem nos tira da mesmice e faz voar é a imaginação, e isso, definitivamente, é farol alto, é horizonte e é o que nos permite sonhar e transformar. E isso é estratégico para a marca da sua empresa, para a sua organização ou para a transformação da sua vida profissional.

> "O que a mente é capaz de conceber ela é capaz de realizar." *Clement Stone*

Tente trocar as lentes.
Pense de forma ampliada

Pensando de forma ampliada, procurando entender a causa e o SENTIDO MAIOR, tudo pode mudar completamente. Pense em educadores como falamos há pouco e reflita sobre o significado da profissão de Mestre. Isso mesmo, Mestre com inicial maiúscula.

É só pensar nas suas próprias lembranças de infância, adolescência e juventude, e você encontrará boas lembranças de educadores com quem conviveu e que ficaram na sua memória. Na verdade, é muito difícil encontrar alguém que não tenha uma lembrança especial, um fato marcante, um momento mágico que marcou sua vida na infância ou adolescência e que não envolva a figura de um professor. Você tem alguma? Eu tenho muitas.

Dois grandes **Mestres**

Tenho muito claro na minha vida que duas pessoas foram fundamentais para minhas escolhas profissionais e para as paixões que mantenho até hoje, entre elas a leitura. Um professor de português e literatura chamado Becker, que me deu aulas no primeiro ano do ensino médio, quando eu tinha 13 anos, foi o sujeito que incentivou as minhas primeiras leituras mais profundas de adolescente.

E lembro muito de um professor de literatura portuguesa clássica na faculdade de letras chamado Ubirajara. O grande Mestre Ubirajara me fez entrar de cabeça, corpo e alma na literatura. Um cara apaixonado pelo que fazia e que contaminou muita gente com sua paixão e excelência.

Ele entrava em sala de aula apenas com o caderno de chamadas, com seu brilho nos olhos e uma sabedoria que deixava a todos extasiados. Falava, falava, relatava a perspectiva histórica, contava histórias, ilustrava, detalhava, recitava poemas e nos encantava por horas seguidas. Suas provas eram feitas em folhas de papel almaço — grandes e pautadas, com quatro faces. Para nós, eram folhas enormes. Folhas intermináveis. E quando elas eram entregues, vinha o frio na barriga. A prova se resumia sempre a uma única pergunta. Que às vezes não era nem uma pergunta, mas um pequeno parágrafo, com apenas uma instrução assustadora: comente. E quatro horas de prova pela frente.

Marcas com **significado**

Na universidade, tínhamos muitos professores. Bons professores. Alguns brilhantes. Lembro-me de vários deles. Mas, definitivamente, só o Mestre Ubirajara permaneceu nítido e continua vivo na minha memória, influenciando minha profissão, décadas depois. Obrigado, Mestre! Não tenho dúvidas de que o resultado da sua vida profissional foi a construção de uma grande catedral, e eu me orgulho muito de ter sido seu aluno, de ter privado do seu exemplo e de ter sido parte do seu legado.

Esses dois mestres com certeza foram fortes influenciadores do que sou e do que vivo hoje, lendo, planejando e escrevendo, que são minhas grandes paixões.

A missão de **ser Mestre**

Agora reflita comigo sobre o que precisamos fazer com a educação no Brasil e a função de professor do ensino básico na transformação que podemos fazer. Pense no que o Japão fez através da educação depois de ter um país arrasado no pós-guerra e onde o país está hoje. Pense no que fez a Coreia no último quarto de século, saindo da condição de nação subdesenvolvida para a de uma potência asiática, por meio de uma revolução educacional silenciosa que transformou a qualidade de vida do país. Agora pense no que ainda precisamos evoluir frente ao desempenho das nações desenvolvidas e volte-se para a tarefa deste profissional no Brasil. Deveria ser importante ou não?

Pense no que ainda precisamos evoluir em pesquisa, na função do professor nas universidades e no que ele representa no ensino superior. Pense em como enfrentaremos uma sociedade cada vez mais tecnológica e no peso que damos a este profissional em nossa sociedade. E aí, imagino que eu não precise argumentar mais sobre a importância do professor e seu poder na formação de cidadãos, e no que isso implica para a transformação da sociedade.

Acredito que nada, absolutamente NADA obscurece o brilho, a beleza e o PODER TRANSFORMADOR de um professor. Você concorda?

Somos cínicos: admiramos, mas para o filho **dos outros**

Agora reflita comigo: estranhamente, não me lembro de nenhum amigo que tenha filhos adolescentes entrando na faculdade e que tenha vibrado muito quando o filho anunciou para a família que queria muito ser professor de português. Você conhece algum caso assim? Eu não e não me lembro de ter ouvido ninguém contar algo parecido. E se soubéssemos de alguém que fez festa porque seu filho passou no vestibular para letras, estranharíamos. Não? Mas eu conheço uma dezena de pais que fizeram grandes festas quando seus filhos passaram no vestibular de medicina, engenharia ou direito. Você não? Certamente, sim.

Por que será? E você, já parou para pensar sobre isso? Racionalmente achamos a missão mais nobre do mundo e admiramos o espírito de missão embutido na nobre profissão de ser mestre, mas desde que seja com o filho do outro. Por que isso?

Qual é a razão desse NÃO ORGULHO, para não dizer dessa vergonha? Porque a profissão de professor paga mal? Será? Você acredita que essa é a razão? Será que é realmente isso? Eu não acho. Pelo menos, não somente isso. Pois temos aqui um grande paradoxo que não se explica. Uma das mais nobres profissões — aquela a cujos representantes entregamos nossos filhos, na qual racionalmente acreditamos que possa ser a transformadora das próximas gerações, que possa ajudar a construir a sociedade que queremos — não é motivo de orgulho para a maioria dos pais. Sabe por quê?

Se você não sabe, eu digo a você. Porque socialmente nos tornamos cínicos. Isso mesmo. Muito cínicos! Duvida? Aposto que você — como a maioria de nós, e eu também me incluo — se orgulharia mais de ver seu filho, sem faculdade concluída, sendo famoso, ganhando milhões para correr com outros dez caras num campo de futebol chutando uma bola, do que atuando como bombeiro ou auxiliar de enfermagem, mesmo sabendo que esses dois últimos salvam vidas. Por quê? Porque sabemos que ainda que salvem vidas, eles vão morrer pobres e anônimos. E pobreza e anonimato são duas coisas que ninguém mais parece querer da vida. Pobreza até dá para aguentar, mas anonimato não, por favor!

Dura essa verdade? Sim. Mas é o maldito senso comum do nosso tempo. O fato aceito socialmente que nos deixa surpresos, mas não suficientemente indignados para fazer alguma coisa.

O que acontece é que nos acovardamos e esperamos que o coletivo mude, acreditando que o coletivo não somos nós, mas um ente distante e sem nome. Mas o que realmente deveríamos fazer é tomar consciência de que o coletivo somos EU e VOCÊ e do sentido que damos às coisas na vida.

> "Vemos os erros dos outros como uma indicação da personalidade deficiente, mas atribuímos nossas próprias falhas a causas externas."
> *Sam Sommers, em* O poder das circunstâncias

A perspectiva de **construir catedrais**

Tom Peters diz que as organizações devem ser "[...] nada menos do que catedrais, nas quais o poder pleno e incrível da Imaginação, do Espírito e do Instinto Empreendedor inato de indivíduos diversos é desencadeado na busca apaixonada pela excelência".

Não interessa quem somos ou o que fazemos. Não interessa se somos profissionais liberais, donos de uma firma de contabilidade com dois funcionários que trabalham meio período ou o CEO de uma grande indústria com dez mil colaboradores. Deveríamos pensar em tentar realizar algo que seja, extraordinariamente, acima da média. Algo de que a gente possa se orgulhar em chamar de CATEDRAL.

Nossas catedrais

E isso deveria ser a nossa meta maior. A construção de catedrais em cada projeto ao qual nos atiramos de cabeça, em cada novo empreendimento em que nos metemos, em cada desafio que cruza a nossa frente. E nossa trajetória profissional, nosso legado, deveria ser a soma desses projetos que fazem a grande e majestosa catedral da nossa vida. O resultado visível da nossa rápida passagem por este planeta. A nossa marca pessoal.

A construção de cada parte desta grande catedral deveria ser como a nossa busca pela excelência. Como um horizonte móvel que nunca chega e onde o grande mérito do caminhante é continuar a buscar. Exatamente como definimos a excelência. Um horizonte móvel, onde a caminhada e a luta diária para tentar chegar lá são o que nos torna pessoas e profissionais melhores.

Permita-se **experimentar olhar** as coisas sob uma **nova perspectiva**

O que eu gostaria de provar a você é que podem existir outros pontos de vista que geram novas perspectivas para o que VOCÊ TEM HOJE, para ONDE VOCÊ ESTÁ ou para o que VOCÊ PERSEGUE e, talvez, neste momento, não esteja conseguindo enxergar com clareza.

E o valor maior ou menor atribuído por você para esse seu patrimônio atual, para a perspectiva ou para o caminho que tem pela frente só depende do seu olhar e do seu julgamento. QUEM DETERMINA O SENTIDO DA SUA VIDA É VOCÊ. O crédito ou o descrédito, a chama acesa ou apagada, a abundância ou a limitação podem não ser uma unanimidade, dependendo de quem e de como os interpreta. QUEM DÁ O SIGNIFICADO PARA A SUA MARCA É VOCÊ. Lembre-se da frase que coloquei no início deste capítulo: "O cor-de-rosa é o azul-marinho da Índia".

"Quando estiver em dúvida, adote automaticamente o padrão Steve Jobs. Pergunte como o seu projeto, por exemplo, se sairia em uma escala cujo grau máximo é: insanamente genial."
Tom Peters

Bom. Se você está insatisfeito ou se acredita que as coisas poderiam estar acontecendo de outra forma, eu lhe proponho o seguinte exercício, com algumas alternativas. Marque com um X a sua opção:

A (   ) Continue a se lamentar, chore na frente do espelho e reclame o tempo todo pelo resto da sua vida. Alugue as pessoas à sua volta com suas chorumelas, dores, cansaço, estresse e reclame sempre da empresa na hora do almoço. Todo mundo adora pessoas assim. Fale mal do seu chefe para todos os colegas. Isso ajuda muito. E reclame da falta de espaço, de perspectivas e de quanto você está cansado dessa vida. Se possível, coloque suas lamúrias nas redes sociais. É ótimo abrir sua página no

Facebook e, mesmo sem conhecê-lo, constatar pelas suas declarações como você deve ser uma pessoa legal!

B ( ) Faça alguma coisa por você e dê sentido à sua vida.

C ( ) Faça alguma coisa por você e dê sentido à sua vida.

D ( ) Faça alguma coisa por você e dê sentido à sua vida.

E ( ) Faça alguma coisa por você e dê sentido à sua vida.

Você pode **ver** as coisas **como quiser**

Você pode olhar as coisas como quiser e atribuir a perspectiva que achar melhor. Você é você e suas crenças. Você é você e suas circunstâncias. Você pode decidir e fazer o que quiser. Mas minha provocação segue o espírito crítico (e de certa forma cínico) do Tom Peters, de encarar a busca pela excelência e a ideia de construir catedrais, perguntando:

Se não for isso, será o quê?
Se não for agora, quando será?

Contexto

capítulo 03

MUNDO COMPLEXO

Creio que vivemos numa era de muita saturação pelo volume, por mudanças tão rápidas e de tantas incertezas por essas mesmas mudanças que acabamos perdendo o rumo e a noção de muitas coisas que há bem pouco tempo eram óbvias e seguras para todos nós, independentemente de classe social, nível cultural, origem ou idade.

Acredito também que passamos a viver uma estranha sensação de vazio, justamente numa era que — todo mundo concorda — é de extrema abundância. Uma era de muitas opções como nunca imaginamos que chegaríamos a ter. E, para mim, um pouco dessa sensação de estranhamento vem disso tudo — da velocidade dos acontecimentos, das mudanças, da abundância e das incertezas — e do fato de que nos últimos anos derrubamos muitos conceitos que tínhamos como inabaláveis e, na pressa de derrubar outros, ficamos com muito poucas certezas em que nos agarrar.

Para a maioria dos empresários, diretores comerciais, gestores de marcas, profissionais de marketing, profissionais de RH e gente ligada à comunicação, existe uma série de perguntas sem respostas que tornam as reuniões muito mais tensas do que em um passado recente. Falamos aqui de grandes tendências e de pequenas mudanças do cotidiano do cidadão médio. Falamos também de conduta humana, de sociedade e de comportamento de consumo.

São questões amplas sobre a movimentação da massa e sobre coisas bem corriqueiras, da minha e da sua vida. Questões que nos afetam de alguma forma: angústias dos nossos tempos, formas de se relacionar, jeitos de lidar com a informação, maneiras de se comunicar, desejos, sonhos e necessidades desses nossos tempos de fartura, de abundância e de riqueza de informações.

Entendemos que nesse novo cenário nossas buscas pessoais estão sendo afetadas porque ficamos sem os paradigmas que tínhamos e, assim, tudo ficou meio confuso, meio nublado, meio vago.

Fica cada vez mais difícil enquadrar (pelo menos nos moldes que conhecemos) e reconhecer com clareza o caminho certo a seguir. Talvez ele não exista mais, mas a existência de múltiplos caminhos, todos com algum grau de certeza e amplo espectro de possibilidades, é que nos deixa inseguros. Não sei, mas até pouco tempo tínhamos uma série de coisas a que nos agarrávamos como certas e que parecem não ser mais tão seguras assim.

A **angústia** da **incerteza**

"Então estou tentando me adaptar à variedade de escolhas do novo milênio. Hoje o mundo enfrenta o que um psicólogo chamou de 'O Paradoxo da Escolha'. É só você apertar a tecla *enter* para não saber escolher nunca mais", diz o músico e escritor Cadão Volpato num artigo para a revista *Vogue*, intitulado "Era da Incerteza".

Ele segue no mesmo artigo: "No meu tempo de rock'n'roll, os discos eram de vinil e havia o lado A e o lado B. Não importa que o vinil esteja de volta, assim como várias outras coisas daquela época: o lado A e o lado B definiam um jeito de pensar que não existe mais. Éramos seres binários: tudo na vida — e não só os LPs, tinha o seu lado A (em geral, o melhor do disco estava lá) e o B (as músicas mais fracas e algumas surpresas). Para nós, a escolha de qualquer coisa implicava apenas duas possibilidades. Ou era isso ou era aquilo. Ou você era de esquerda ou era de direita. Ou bonito ou feio (a maior parte das pessoas não era nem uma coisa nem outra). Tudo era mais fácil de colocar nos escaninhos. No lado A ficavam meus amigos, no lado B os que eu não conhecia direito".

"Nossa educação deu uma má reputação à ambiguidade. A mensagem que nos foi ensinada na escola era clara: devemos eliminar a ambiguidade. Existem amigos e inimigos. É um ou o outro. Uma porta deve estar aberta ou fechada. Devemos escolher. Toda a lógica aristotélica adere unicamente a essa condição. Descartes somente desejava lidar com ideias claras e distintas. A insegurança provoca a incerteza, ou pior, a contradição", diz o escritor Luc de Brabandere no livro *O lado oculto das mudanças.*

Assim, teremos de nos acostumar com o fato de que o mundo cada vez mais vai nos atolar com uma imensidão de opções e que ficará cada vez mais difícil encontrar um motivo para ficar com esta e não com aquela. As razões? São muitas. Você vai encontrá-las ao longo deste livro, mas podemos destacar a velocidade com que as inovações e as informações sobre elas estão sendo compartilhadas.

Velocidade e manutenção de diferenciais

Uma inovação no século passado podia levar até 50 anos para ser conhecida por todos e, talvez até rudimentarmente, copiada. Na metade do século, o tempo baixou para a casa dos 25 anos. No final, o tempo que alguém levava para dominar um diferencial tecnológico porque o mercado ainda não conhecia era de uns poucos anos. Hoje, o compartilhamento de informações e a equalização dos avanços tecnológicos fazem com que alguns diferenciais competitivos durem poucos dias, ou, em alguns casos, horas. As marcas têm hoje uma séria dificuldade: precisam de diferenciais para se manter com uma promessa de valor competitiva, mas está cada vez mais difícil competir e manter diferenciais tangíveis, principalmente os ligados à tecnologia.

A operadora de telefonia A lança uma novidade e na semana seguinte você encontra a mesma novidade na operadora B, como também na operadora C. Você comprou seu carro porque ele tinha um bom diferencial de conforto, e no mês seguinte fica sabendo do lançamento de outra marca com o mesmo diferencial e mais outro que você nem imaginava que existia ou que também queria.

Tudo fica **tecnologicamente** cada vez **mais igual**

E a tecnologia, essa amiga que deveria vir para nos ajudar a simplificar as coisas, a facilitar as tomadas de decisão, fez justamente o contrário. Deixou tudo muito igual e muito mais difícil para nós, leigos. Existe hoje uma enormidade de coisas que não conseguimos mais diferenciar e atribuir valor porque ficaram absolutamente iguais.

"A consequência é que a competitividade não pode se basear apenas na localização, na inovação tecnológica ou na forma de organização. Quaisquer vantagens que esses aspectos possam prover provavelmente durarão muito pouco", dizem os professores da Faculdade de Economia em Estocolmo, Kjell Nordström e Jonas Ridderstrale, no livro *Funky Business*.

Dessa forma, ficamos sobrecarregados com o brutal volume de ofertas quase iguais, estressados com a ideia de ter de diferenciar promessas que dizem as mesmas coisas, lidar com infinitas combinações de opções e com cada vez menos tempo para tomar essas decisões. Assim, para nos proteger, travamos e não mais prestamos atenção. E a atenção passa a ser um ativo muito escasso nesses nossos dias. Um artigo valioso para um mundo congestionado.

Existe um **congestionamento de opções** em nosso **cérebro**

Thomas Davenport e John Beck, em seu livro *A economia da atenção*, falam sobre o efeito da abundância de opções ao causar congestionamento no cérebro: "A capacidade de ignorar quase qualquer coisa em favor de um foco de atenção mais claro e mais estreito é obviamente útil para qualquer animal selvagem. Um predador pode ver todo um rebanho de veados, mas para caçar sua vítima deve concentrar-se em apenas um alvo. Eis porque muitas presas, como peixes e aves, desenvolvem comportamentos de rebanho. Longe de oferecer uma oportunidade fácil ao predador, a grande profusão de animais idênticos sobrecarrega a capacidade seletiva no cérebro do caçador. O excesso de informações semelhantes congestiona o gargalo de atenção do predador, resultando na perda desse recurso para qualquer ação clara e eficaz".

Fomos treinados para identificar o **diferente**. O **igual nos confunde**

Nosso cérebro ainda carrega os traços das necessidades de nossos ancestrais primitivos, em que a concentração estava em reconhecer o diferente — o que tem outra cor, outra forma, o ruído diferente, o que se move frente a um cenário fixo. Essa capacidade foi o recurso desenvolvido pelos nossos irmãos primitivos para estar sempre atentos ao diferente. Reconhecer o diferente poderia significar a vida ou a morte. Reconhecer imediatamente uma fera movendo-se numa savana permitiu que nossos ancestrais sobrevivessem e essa carga genética nos acompanha desde então. Carregamos isso até hoje. Temos um cérebro para reconhecer imediatamente o diferente. O igual nos confunde e entedia. E o que temos de sobra hoje é muito mais do mesmo.

A sociedade **do excesso**

O período que começou desde a virada do século até os nossos dias pode ser caracterizado pela sociedade do excesso. É dela que vamos falar nesta segunda parte do livro para contextualizar a importância do que debatemos muito no início: qual é o significado da nossa marca pessoal? Qual é o significado da marca que você dirige? Qual é o significado da sua organização?

Sim, porque num mundo caótico, com todo mundo estressado com o volume de informação, saturado com a dificuldade de escolher entre coisas muito parecidas, passamos a dar muito mais valor para o emocional em detrimento do racional. Significado passa a ser um ativo realmente vital para um universo de competição entre iguais — um mercado sangrento — que define vencedores e perdedores por milímetros de diferença.

Então, prepare-se para um mergulho num contexto no mínimo diferente, para entender por que cada vez mais as marcas vão precisar acenar com algo diferente, além dos produtos e serviços que representam. Você precisará representar algo maior do que o que entrega como resultado do seu trabalho. O que você defende e como constrói o seu legado serão diferenciais cruciais para você e sua marca não ficarem invisíveis em meio à enorme multidão que faz a mesma coisa que você.

Por que eu deveria escolher você?

Porque num mundo complexo, o que as pessoas mais querem é a simplicidade de entender rápido por que escolheriam você e não os outros. O mesmo acontece com as marcas do mercado corporativo e com os produtos que você compra todo dia. Nossa tomada de decisão está precisando de diferenciais que vão além dos produtos e serviços em si. O consumidor deste século, que sofre estressado com um número absurdo de opções muito parecidas, está se perguntando: "Tá, e o que mais você me oferece? Que causa você representa? Que valores você defende? Que princípios baseiam a sua marca? O que você significa? Por que eu o seguiria? Por que eu estabeleceria uma relação com a sua marca?"

Confiança no compartilhamento dos mesmos valores

Por que isso? Porque num mundo onde não entendemos muito bem para onde estamos indo, com uma grande velocidade de mudanças que não nos permite cristalizar nada, mais nos agarramos às marcas conhecidas. Marcas em que confiamos e que comungam dos nossos princípios.

Confiança, por sinal, passa a ser um dos ativos sagrados das marcas pessoais e marcas de mercado. Porque quando temos oferta demais, nosso cérebro trava na hora das escolhas e nos agarramos com muito mais intensidade naquilo em que confiamos.

Como também acontece quando estamos saturados de ofertas iguais ou escolhemos com base no preço ou no que as marcas significam. Por isso é importante que nós, como marcas, saibamos muito bem qual é o significado da nossa busca e que princípios e bandeiras defendemos.

Os dois grandes tipos de **marcas genéricas** no mercado

Não tenho dúvidas de que muito em breve teremos no mercado duas grandes áreas de escolhas: as marcas oportunistas, baseadas em preço e promoção — que só pegarão você com métodos cada vez mais próximos de emboscadas —; e as marcas com significado — que estreitarão cada vez mais os laços com seus públicos. E estes estarão cada vez mais ao lado dessas marcas como defensores, promotores e coautores.

E acredito muito na ideia de que essa lógica norteará escolhas de grandes marcas empresariais, como de bens duráveis e não duráveis, de produtos de consumo, de serviços, como também de marcas pessoais como a minha ou a sua.

Por isso é muito importante que você esteja bem consciente do mundo neurótico com que estamos lidando. É importante que você mergulhe de cabeça comigo nesse contexto e ENTENDA POR QUE NÃO VAI VENCER TECNICAMENTE NEM FAZENDO DO JEITO QUE SEMPRE FEZ. **Você está preparado?**

capítulo 04

EXCESSO E ABUNDÂNCIA

"A palavra 'concorrência' vem do latim e significa literalmente 'buscar junto' ou 'escolher correr na mesma corrida'. Mas na era da abundância as pistas estão superlotadas. Os outros estão pisando constantemente nos seus pés, empurrando e dando cotoveladas, tentando chegar primeiro nos clientes. Portanto, paradoxalmente, a única coisa (não) razoável a fazer é não competir. Se começarmos a correr ao lado de todos os outros, em nossa busca pela participação de mercado, mindshare, ou seja o que for, arriscaremos acabar como um na multidão — invisível aos clientes. Quando participamos da mesma corrida para sermos os melhores talentos, como todos os outros, as pessoas têm dificuldade de perceber a diferença."

Kjell A. Nordström

UMA ERA DE EXCESSOS

"A economia do excesso é cruel. Somente o melhor contentará o cliente exigente, apenas o melhor terá sucesso, e ninguém pode se destacar em tudo. A concorrência global em um mundo com excesso de oferta e mercados cada vez mais perfeitos aniquila as ofertas de produtos razoáveis e aquelas com desempenho médio."

Kjell A. Nordström

Não tenho dúvidas de que derrubamos muitos paradigmas e nos livramos de muito peso morto que carregávamos como sendo tradicional — quando na verdade era coisa sem valor e ultrapassada — e de uma série de hábitos ruins. E nesse processo de destruição e tentativa de reconstrução também não tenho dúvida de que melhoramos em muitas coisas. Você acha que não melhoramos como sociedade? Tá, eu sei... Ainda convivemos com políticos corruptos e nos acovardamos na hora de fazer alguma coisa realmente dramática para acabar com isso. Mas, tirando isso, acho que podemos ser um pouco otimistas e nos dar uma chance.

Acredito que criamos organizações muito mais valiosas nos últimos tempos — com mais valor de mercado, mas também marcas mais íntegras do que tínhamos até pouco tempo atrás. Passamos a pensar sob a óptica da sustentabilidade, discutimos cidadania, direitos dos consumidores. E acredito que somos profissionais mais responsáveis e muito mais preparados tecnicamente, como também nos tornamos seres humanos muito melhores do que éramos há 15 ou 20 anos. Não tenho dúvidas de que avançamos em todos os sentidos.

Quando reflito sobre isso, passo a confrontar hábitos e costumes bastante comuns de poucos anos atrás e crenças de hoje, e chego a rir sozinho de alguns costumes dos quais conseguimos nos livrar. Tome como exemplo quanto melhoramos no que diz respeito aos vícios toleráveis ou não. Você se lembra de quando era permitido fumar em todos os lugares, inclusive dentro de ônibus e aviões? Lembra-se de como era a divisão entre fumantes e não fumantes nos aviões? Não? Eu explico.

Se você não se lembra ou se teve a felicidade de não conhecer essa época, até certa fileira de poltronas do avião era a área de não fumantes, e dali em diante passava a ser a de fumantes. Ou seja, nada dividia as duas áreas. Era apenas uma marcação de zona pela numeração das poltronas num ambiente totalmente pressurizado como deve ser um avião. Dá para imaginar?

Então, se você não fosse fumante e tinha o azar de cair na zona limítrofe entre as áreas, era obrigado a ficar com fumantes na poltrona de trás ou na da frente e tinha de aguentar isso sem reclamar. Se houvesse um fumante a bordo, todo o avião fumava. Agora imagine 15 ou 20 fumantes num avião lotado numa viagem internacional por dez ou 12 horas seguidas!

Por quê? Porque era esse o tamanho da nossa elasticidade no quesito tolerância. E a gente aceitava porque as coisas eram assim. Em restaurantes, não existiam divisões entre fumantes e não fumantes. Isso significava que sua chance de almoçar ao lado de um fumante era muito grande. E isso era muito normal, simplesmente porque era assim. Você imagina isso hoje?

Esse exemplo dá a dimensão de como eu acredito que nos tornamos pessoas mais sensatas em vários sentidos. Recordo-me de coisas do passado e me vejo rindo sozinho de algumas delas e me perguntando: como admitíamos isso? Não sabíamos? Ou apenas éramos mais flexíveis e tolerantes que agora? Nesse sentido, eu me lembro de muitas dessas coisas que hoje são até risíveis — se não trágicas — se compararmos com o que temos como politicamente correto hoje.

Passando **bronzeador**

Quando criança, era comum comer pão com banha no café da manhã porque éramos pobres. Há pouco tempo falei com uma amiga de família pobre do interior que teve esse mesmo cardápio na infância. Rimos muito disso! Muitas famílias tinham esse hábito por não ter condições de comprar manteiga ou margarina. E não era qualquer gordura, não! Banha boa era banha de porco, diga-se de passagem. Na minha casa tinha. Agora imagine dar pão com banha para o seu filho pequeno hoje. O que os nutricionistas e o Conselho Tutelar fariam com você?

Dá para imaginar o que seria ir para a praia e passar bronzeador, em vez de protetor solar? Se você não sabe, até a metade da década de 1980, se não me engano, íamos para a praia e passávamos um óleo no corpo para bronzear mais rápido. Todo mundo se besuntava com um óleo meio avermelhado escuro, meio marrom (como a cor e a viscosidade do óleo de carro hoje), e ficava muito feliz refestelado na beira da praia — literalmente "se queimando" (que era a expressão que usávamos).

O óleo não era para proteger — não se falava nisso naquela época —, mas para acelerar o efeito do sol sobre a pele. Um óleo para queimar a pele, mesmo. As pessoas saíam da praia em uma hora como pimentões vermelhos, pele esturricada. Em questão de meia hora sob o sol já dava para dizer que você tinha ido à praia. Ah! Eu ia esquecendo. A gente passava bronzeador também nas crianças, porque elas também gostavam de ficar bronzeadas. Você acredita? Também fez isso e ainda hoje consegue ler um livro? Parabéns!

Hoje, não há especialista que não recomende protetor solar fator não sei o quê para qualquer momento seu fora de casa. Então, quando eu afirmo acreditar que ficamos melhores, sempre penso sobre esses e outros tantos pequenos hábitos e não tenho dúvida de que melhoramos muito!

Avançamos em vários sentidos, entendemos uma série de coisas, passamos a ter uma relação muito melhor com nossa saúde, com o nosso corpo e com o planeta, e derrubamos vários paradigmas. Mas nessa derrubada de muitos deles, não criamos os outros de que precisávamos para substituir tudo o que destruímos e, assim, restou uma série de vazios e de perguntas sem respostas, que passaram a gerar angústia e incerteza sobre o que vai acontecer.

A angústia vem da insegurança do desconhecido. Mas vem também de uma sociedade diferente que estamos construindo. Obviamente, uma sociedade muito melhor, mais dinâmica, mais inteligente, mais conectada, mais rica, mais farta. Mas também muito mais saturada, congestionada, tensa e com uma neurose louca por velocidade, por tempo, por estar disponível 24 horas como estamos hoje. Uma sociedade estressada com sua própria velocidade e congestionada, sem saber para onde está indo. Não acredita? Então vou lhe apresentar alguns fatos concretos sobre essa sociedade que chamo de sociedade do excesso.

A realidade se reconfigura a cada 7 segundos

No mundo do passado, o mundo das coisas reais, do pão com banha e do bronzeador a óleo, do carro com carburador e do telefone com fio, a gente mais ou menos sabia de onde vinha o perigo e conhecia os caminhos e os atalhos mais seguros para voltar ao centro e nos sentirmos bem (mesmo com a pele torrada!).

Mas agora, num mundo diferente, o perigo não está mais só no real, mas em todas as ameaças que vêm sob o manto do virtual. Nada concreto e palpável. Pelo contrário, tudo virtualizado. E a adrenalina agora não é mais para fugir do conhecido, do perigo real, mas também para fugir de um inimigo invisível que está num mundo ainda desconhecido. Um inimigo que se esconde em monitores, conexões virtuais, "em nuvem" e com o qual ainda não sabemos muito bem como lidar.

A futuróloga Melinda Davis, no seu livro *A nova cultura do desejo*, coloca algumas questões para que possamos refletir sobre esse inimigo imagético:

"Como lutar contra uma voz gerada eletronicamente e derrubá-la? Como frear uma mensagem eletrônica nascida no éter?

Como desviar na sua passagem de uma cópia de arquivo transmitido a você?

Como dar um soco no nariz de uma comunicação enviada pela internet?

Como confinar uma fobia dentro de uma cerca?

Como controlar uma multidão no ciberespaço?

Como deter uma invasão invisível?

Como acelerar a linha de produção de uma ideia?

Onde armazenar produtos intangíveis?

Como jogar areia no rosto de um perseguidor implacável invisível?

Como acomodar-se no melhor canto do escritório de uma empresa virtual?

Como reaver uma identidade roubada?

Como travar uma guerra real contra um inimigo cuja natureza não é mais territorial, mas ideológica?"

"Nossos cérebros não tiveram tempo suficiente para evoluir e se tornar o que precisariam ser agora para aumentar as chances de sobrevivência do nosso organismo porque mudamos rápido demais para um novo mundo. Vivemos numa realidade e nossos cérebros ainda vivem noutra. Isto é um problema. Aquele jato forte de adrenalina que conferiu aos nossos ancestrais o poder de defender suas vidas, aquela famosa reação de lutar ou fugir, está muitas vezes causando danos aos nossos cérebros. 'Lute!', nossas químicas primitivas nos ordenam, mas com quem lutaremos quando o estressor é imagético? 'Corra!', todos os reflexos de nossos corpos dopados com adrenalina nos dizem, mas para onde podemos ir?

"Como escaparmos da nossa própria cabeça? Nossas mentes ainda não parecem saber que elas são o próprio mundo. A selva e todas as bestas selvagens estão lá dentro dela, mas o nosso radar biológico ainda aponta para fora. Nosso mecanismo de resposta evolutiva não é direcionado para o interior, mas para o exterior. Os grandes estressores da atualidade (por exemplo, muita coisa para fazer em pouco tempo) recebem da nossa fisiologia a mesma reação que seria gerada contra um tigre armando o bote ou um troglodita armado com um porrete, caso um estressor tão fácil de identificar se materializasse no nosso horizonte imagético", completa Melinda Davis.

Angústia e neurose por fazer tudo **mais rápido**

E nessa disponibilidade total em que permitimos definir nossas vidas, todo mundo tem agenda cheia e está sempre correndo. Não importa se é uma dona de casa estressada com os afazeres, um grande executivo que viaja o mundo a negócios ou um profissional liberal de qualquer área. Empregado ou empreendedor. Está ficando difícil encontrar gente que tenha algum tempo de sobra. Pode até ter. O difícil é admitir, porque parece que a sociedade adotou isso como padrão. Todo mundo precisa ser/estar cheio de coisas para fazer para ser aceito por todos nós.

E você já reparou que parece que todo mundo está ansioso quando fala? Você ameaça falar e a pessoa completa sua frase. Você tenta de novo e ela dispara "sim, sim, sim" e não o deixa concluir. Você tenta novamente e vê que não vai dar, porque não importa o que você diga, a ansiedade é tanta que o outro fica concordando para que você conclua logo.

Parecer **multimídia**

Não sei se acontece no seu escritório, mas vejo isso por todos os lados. Na minha empresa e nas muitas que conheço, todos parecem estar fazendo além das suas possibilidades. Parece que todo mundo está trabalhando demais, correndo demais, com agenda e tempo de menos. Será? Parece que todos nós precisamos mostrar ao mundo que somos multimídia, que estamos muito ligados em tudo e que fazemos coisas simultâneas como o nosso filho de 17 anos com os seus eletrônicos.

Não importa o quê, mas de preferência, **muito**

Parece que precisamos dizer ao mundo que somos produtivos, gostamos de jornadas longas e curtimos uma vida emocionante que não para nunca. Respondemos a e-mails às 3h45 da madrugada e achamos legal quando nosso interlocutor responde à mensagem naquela hora. Uau! Esse cara é como eu! Um sujeito que não dorme e fica respondendo a mensagens de madrugada! Parece que quanto mais coisas fizermos e mais provas dermos aos outros de que as fizemos, ganharemos pontos num ranking imaginário de produtivos estressados da nova era.

Parece que todos nós estamos numa corrida que não sabemos qual é, só sabemos que temos de correr mais ainda porque acreditamos que não vamos vencer. Não vamos vencer a agenda, não vamos vencer a pauta do dia, não vamos vencer o que prometemos ao chefe, não vamos poder cumprir o que prometemos para a mulher, para os filhos, para nós mesmos.

Você também tem essa sensação de vez em quando? De que não vai vencer sua agenda nem nesta nem na próxima encarnação? Eu confesso a você que às vezes também tenho.

E já reparou que todo mundo tem pressa? E se você prestar atenção vai ver que, socialmente, todo mundo fica muito orgulhoso de dizer que tem a agenda repleta de coisas para fazer e de estar completamente sem tempo para nada. Você pergunta como o sujeito está e ele já olha franzindo a testa e se desculpando... Falta de tempo parece que virou mérito para muitos de nós. Sinal de que somos bons profissionais. Duvida? Experimente dizer aos seus amigos ou clientes que tem tempo sobrando durante toda a semana e veja a reação. Estranho isso, não?

Ter tempo livre parece que virou demérito — coisa de preguiçoso — numa sociedade que hipervaloriza a disponibilidade total. Todo mundo quer tudo muito rápido. O filósofo Mário Sérgio Cortella diz que mesmo que defendêssemos que a lavagem do carro poderia ter muito mais qualidade, ninguém quer levar o carro num lava-lerdo. Você quer? Todos nós queremos lavar num lava-rápido. Por quê? Porque acabamos acreditando que tudo precisa ser rápido, porque rápido é melhor.

Olhe como eu **sou importante!**

O jornalista Carl Honoré, no livro *Devagar*, descreve essa nossa mania por aceleração: "Em muitos ambientes, 'devagar' ainda é um palavrão. Veja, por exemplo, a definição do *Oxford English Dictionary*: 'Incapaz de entender prontamente, obtuso, vagaroso, preguiçoso'. Nem de longe algo que você poria no seu currículo. Em nossa cultura superexcitada e obcecada com a rapidez, levar uma vida completamente turbinada ainda é um troféu cobiçado. Quando as pessoas se queixam: 'Puxa vida, estou tão ocupado, minhas pernas nem dão mais conta, minha vida é uma droga, não tenho tempo para nada', muitas vezes o que estão querendo dizer na realidade é: 'Olhe para mim, veja como sou incrivelmente importante, atraente e cheio de vida' ".

Nunca satisfeito, sempre ansioso

Queremos fazer sempre tudo rápido. Deitamos mais cedo e levantamos mais tarde para fazer mais coisas. Assistimos à televisão e acessamos a internet ou respondemos a e-mails simultaneamente. Aprendemos a fazer mais de uma coisa ao mesmo tempo não por desenvolvimento de alguma habilidade extra, mas por absoluta necessidade de fazer mais coisas com o mesmo tempo. Porque, para a maioria de nós, a agenda de coisas a fazer, se colocada não sobreposta, mas de forma linear, fica impossível de ser cumprida. Então, a solução é sobrepor uma coisa a outra e deixar para ver na hora o que acontece.

E, paulatinamente, estamos acelerando sempre mais. Em quase tudo o que se imagina, acabamos fazendo em um tempo menor. No livro *Qual é a tua obra?*, Mário Cortella cita o caso do futebol. "Nos anos 1970, um jogador de futebol corria, por partida, 6 quilômetros em média. Hoje, estatística refeita, um jogador percorre, em média, o equivalente a 13 quilômetros por jogo. Não mudou o tamanho do campo, nem a duração da partida e tampouco o número de jogadores. O que mudou? A velocidade do jogo, o ritmo e a estratégia."

Dois minutos **e pronto**

Também passamos a fazer sexo mais rápido. Pelo menos é o que diz o jornalista Carl Honoré. "Um grande estudo realizado em 1994 constatou que o adulto americano médio dedicava escassa meia hora por semana a fazer amor. E quando finalmente passamos à ação, muitas vezes a coisa já acabou antes de começar para valer. Embora as estatísticas sobre comportamento sexual devam ser encaradas com certa reserva, os levantamentos acadêmicos e as evidências empíricas indicam que uma quantidade enorme de casais vivencia a experiência na base do vapt-vupt. Ficou a estimativa do Relatório Kinsey, publicado no início da década de 1950, de que 75% dos maridos americanos chegavam ao orgasmo dois minutos depois da penetração."

A meta é chegar

Talvez você diga que isso só acontece com os "maridos americanos" e que aqui a coisa é diferente. Será? Talvez você resista à ideia e diga que nesse quesito nós também melhoramos como seres humanos — e amantes — nas últimas décadas. Pode ser e eu realmente espero que sim. Mas confesso a você que tenho lá minhas dúvidas. Porque como o próprio Honoré diz: "Nossa cultura da pressa ensina que chegar ao destino é mais importante que fazer a viagem — e o sexo é afetado por esta mesma mentalidade da meta de chegada".

Estamos sempre ansiosos por mais velocidade. Se viajamos por um tempo de carro numa autoestrada com limite de 100 quilômetros por hora, nos acostumamos rápido e, após alguns minutos, a velocidade começa a parecer muito pouca para a nossa expectativa, e parece que quando entramos na cidade, onde o limite é de 50 quilômetros por hora, estamos literalmente parados. Perdemos a noção das coisas e olhamos para todos à volta como se disséssemos: o que aconteceu com vocês? Por que estão parados com seus carros?

A mesma coisa acontece quando chegamos ao limite permitido de qualquer estrada. Depois de um breve tempo, parece que a velocidade diminui muito, simplesmente porque nos acostumamos com ela e começamos a querer mais.

Nada menos do que o **instantâneo**

E se na internet uma página leva três ou quatro segundos para abrir, não aguentamos e ficamos clicando no mouse obsessivamente ou desistimos e vamos para outra. Mesmo sabendo que nós, brasileiros, temos uma tecnologia 3G que parece que nunca chegou a 3, nossa ansiedade não resiste a nada que possa durar mais do que três ou quatro segundos de espera. Queremos tudo instantâneo. Agora!

Clicamos num e-mail e, enquanto ele não abre, clicamos em mais dois ou três da lista, na ansiedade do que pode estar nos esperando. Com isso, às vezes travamos o sistema e o fazemos demorar mais porque ele passa a tentar abrir três coisas ao mesmo tempo. Mesmo sabendo disso, fazemos a todo instante porque não podemos perder tempo. Uma angústia que nunca pode esperar. Porque tudo tem de ser muito rápido. E isso está virando uma doença. Enviamos e-mails e queremos que eles saiam da caixa imediatamente. Não toleramos mais nada. Absolutamente nada que não seja instantâneo.

Nunca **satisfeito**

Carl Honoré diz o seguinte: "Em 1899, um engenheiro belga construiu o primeiro carro concebido especificamente para quebrar recordes de velocidade. Com forma semelhante à de um torpedo e movido por dois motores elétricos, esse veículo foi batizado com um nome que bem resume a nossa ânsia de estar sempre indo mais depressa: La Jamais Contente — Nunca Satisfeito".

Reparem que o ano citado é 1899, ou seja, há mais de cem anos. E a angústia e a insatisfação só aumentaram a partir de então — hoje, "quatro ou cinco anos atrás" parece um enorme período de tempo. Antigamente, "passado" era a expressão que usávamos para nos referir a décadas anteriores. Hoje é empregado para qualquer coisa que tenha acontecido ou sido feita antes da invenção do iPad.

Nessa corrida, perdemos coisas pelo caminho

Velocidade, excessos e ansiedade têm sido fatores críticos para descrever este momento da humanidade. Um momento maravilhoso, crítico, talvez complexo, mas definitivamente diferente de tudo o que já experimentamos. Nós nos ocupamos cada vez mais, tentamos fazer mais coisas num tempo menor para acomodar outras coisas, sobrepomos funções, duplicamos jornadas e acabamos fugindo de algumas reflexões importantes que afetam nossa forma de viver, de consumir e de se relacionar. E acabamos com alguns vazios que poderiam ser muito importantes no futuro e que em breve vão cobrar o seu preço. Um deles é a falta de referências.

Muitos ídolos e pouca referência

Tome este exemplo: onde foram parar nossos ídolos? Onde foram parar nossas referências pessoais, nossos heróis, nossos espelhos que eram bem claros até pouco tempo atrás? Em que momento eles começaram a desaparecer? E o que colocamos no lugar? Será que ainda temos alguma referência? Essas são algumas perguntas que, acredito, estão sem resposta, mas que exercem uma força incrível para o que nos tornamos hoje e para a sociedade que estamos construindo para nós e para nossos filhos.

Na realidade, temos ídolos "aos montes", às centenas, de todas as idades e gêneros e, estranhamente, mergulhamos em um período de uma carência terrível de qualquer boa referência. Heróis? Não temos mais. Você tem? Talvez alguém próximo que pouca gente conheça como você. Um tio que venceu um grande desafio pessoal. Sua mãe, que fez muitos sacrifícios para lhe dar uma boa formação. A perseverança e a resiliência do seu pai. Um amigo que foi exemplo de superação pessoal.

Mas heróis públicos, célebres, aqueles muito conhecidos da grande massa, intocáveis e eternos como no passado, esses não temos mais. Perdemos a noção de quem seguir e, assim, seguimos qualquer um, ou, na dúvida, seguimos todos.

Quando você tem **tantos** e tão **diversos**, não tem **nenhum**

Acredito que por trás de quase tudo que estamos abordando e do que ainda vamos discutir nestes capítulos que chamei de Contexto está a questão do excesso e suas consequências. No caso de heróis, ídolos, espelhos e referências, não deixamos de tê-los como sempre tivemos, mas criamos um problema que é justamente lidar com o contrário. Passamos a ter demais. E, assim, não conseguimos mais enxergá-los como antes. Na verdade, temos tantas referências que passamos a não ter nenhuma. E esse é um dos efeitos do excesso sobre nossas escolhas. Temos tudo de mais, e quando isso acontece, nos sentimos sobrecarregados e não conseguimos focar. Ficamos paralisados. Nossos heróis, ídolos, espelhos e referências ficaram tão segmentados, em número tão grande, com tantas variedades, possibilidades e variações que não conseguimos mais enxergar nenhum deles.

Dezenas de referências e **uma imagem vaga** de todas

No caso das referências, passamos a ter dezenas de pequenos heróis das histórias em quadrinhos. Criamos novos e mantivemos os antigos, que agora viraram *cult*, sendo assistidos por pais e filhos na tevê a cabo. Com isso, criamos uma camada sobreposta. Trouxemos de volta os antigos revisitados e mantivemos todos os que surgiram nos últimos tempos, e assim acabamos com uma variedade enorme com a qual não conseguimos mais lidar.

Você não acredita? Tente adivinhar qual é o personagem que as crianças mais adoram hoje. Você ficaria surpreso com os muitos nomes que surgiriam. Não existe mais um personagem amado, mas dezenas. Se o seu filho tem 3 anos terá um; aos 4 já poderá ter outro. Aos 5 ou 6 anos terá um diferente e dos 8 ou 9 anos para cima, terá referências de ídolos adolescentes e adultos, porque provavelmente já estará com página no Facebook, ouvindo música de adolescente e compartilhando fotos que não são mais de criança.

O que eu quero dizer é que, se você tem mais de 40 anos, passou toda a infância e adolescência tendo meia dúzia de personagens como os seus heróis prediletos. Talvez você tenha se inspirado nas histórias das revistinhas do Mickey, Pato Donald, Pateta, Zé Carioca ou ainda nas *Aventuras de Tintim*. O certo é que não havia muitas opções.

Ao chegar à pré-adolescência, talvez você tenha se inspirado no Batman, no Homem-Aranha, no Zorro ou no seriado *Rin-Tin-Tin*. O importante é que na época eram muito poucas as referências e os modelos que nos inspirassem como heróis, e a relação de admiração era longa e constante.

Hoje, a proliferação de heróis em massa é tão segmentada que temos dezenas e dezenas de personagens na memória de uma criança com 8 ou 9 anos — e talvez com uma imagem muito vaga. Ou seja, tudo é tão abundante e fragmentado que não nos faz enxergar muito bem nenhum deles como heróis. Porque entre 3 e 4 anos, uma criança na frente da tevê já tem seus ídolos próprios e seu segmento de heróis — se é que se pode dizer isso. Aos 5/6 anos, essa mesma criança já terá abandonado o segmento anterior e alterado seu foco para os novos personagens da sua idade, porque trocou de faixa etária e ficou mais velha! E com 6 anos já não aceita mais voltar a compartilhar os heróis da fase anterior porque são de crianças! Esses heróis segmentados ficam velhos muito rápido para eles.

Aos 8/9 anos elas já estão em outra fase muito diferente, e seus ídolos terão mudado completamente mais uma vez — nessa faixa, já rivalizando com heróis de adolescentes. Assim, uma criança de 10/11 anos já passou por dezenas de referências em sua curta vida e foi impactada por milhares de outros estímulos de modelos. Então, ainda que dez anos não sejam nada para uma vida, essa criança já passou por um incrível repertório de referências com os mais diferentes tipos e padrões de pequenos e grandes heróis para se espelhar, e quase nada de apego resultou por qualquer um deles.

Ídolos românticos? Eu sei o que é isso!

Temos novos heróis às dezenas numa variedade absurda para todas as idades. Temos heróis guerreiros, heróis de aventura, heróis velhos, jovens, monstros, belos e feios, heróis em família e heróis românticos aos montes, com todas as idades possíveis — dos seriados de pré-adolescentes às referências românticas de cabelos grisalhos na tevê que continuam atuando. Na verdade, não sabemos mais dizer o que é uma referência de ator romântico na tevê.

Hoje um homem romântico pode ser um cara com atitudes de macho alfa, tipo o nosso velho Sylvester Stallone no seu surrado personagem Rambo, como pode muito bem ser um metrossexual como o David Beckham. De um extremo ao outro. Do mais rude e bronco ao mais sensível. Do Shrek ao Gato de Botas. Mas isso sempre foi assim, com extremo opostos, você dirá. De Humphrey Bogart a John Wayne. Mas a diferença fundamental de hoje não são os extremos que continuam iguais como sempre foram no quesito impressionar mulheres — é o meio dessa régua de extremos que pode deixá-lo tonto com tantas opções.

No enorme centro dessa régua de machos, entre o Stallone e o Beckham, você pode encontrar uma variedade enorme (centenas) de outros modelos de homens românticos (que a gente ainda não sabe descrever). E, assim, você fica meio perdido porque entre os dois extremos há uma enorme mancha de muitos tons que você não consegue focar com clareza. Todos os estilos podem ser. Entendeu o porquê da dificuldade atual? É por isso. Segmentamos tanto que temos dificuldade de descrever coisas que deveriam ser muito simples para todos nós.

Temos milhares e não temos nem um

Assim, nossa busca continua a ser a de conseguir ter alguma referência. Mas elas ficam cada vez mais variadas e em número muito maior. Temos dezenas de referências de atores e atrizes românticas de todas as idades, cores e estilos nas novelas, e não sabemos mais dizer claramente que estilo tem aquele ator ou aquela atriz. Assim como temos dezenas de intérpretes de ação e aventura e, na verdade, não temos nenhum que seja "o cara". Aquele que a gente quer seguir e imitar nos trejeitos. Como aqueles ídolos de que a gente gostava tanto que colava o pôster na porta do armário do quarto.

Não fazemos mais isso porque é óbvio. Tudo é digital e não temos mais pôsteres. Mas também porque tudo ficou tão rápido e fugaz que não dá mais tempo de estabelecer uma relação com eles. Como também não haveria porta de armário que comportasse todos! E a minha pergunta é: sigo quem mesmo?

Gente bem-sucedida e gente normal como referência

No entretenimento, mais abundância e sobrecarga. Sobra tudo o que você puder imaginar. Temos ídolos da cozinha para todos os gostos. Temos celebridades nacionais e internacionais. E elas são de diferentes sexos, de diferentes nacionalidades, de diferentes escolas gastronômicas e que fazem comida de múltiplas etnias e culturas. Temos também cozinheiro famoso que se torna ídolo por recuperar restaurantes decadentes e falidos e que mistura técnica culinária, gestão e autoajuda. Temos ídolos que se dedicam a aventuras em países e lugares exóticos. Temos ídolos de programas de rádio que viraram pop stars fazendo piadas, ídolos cabeleireiros, médicos ídolos que fazem cirurgia plástica, comentaristas de futebol e dentista na tevê. Temos muitos ídolos em todas as mídias em vários programas de diferentes formatos para todos os gostos e públicos.

Temos *reality shows* sobre tudo o que você imaginar, que formam ídolos, heróis e referências de toda ordem nos mais diferentes temas. Temos *reality shows* que criam ídolos que vão do encantador de cachorros à domesticadora de crianças problemas. Temos oportunidade de ter ídolos entre os lutadores de MMA e observá-los enclausurados num *reality* de lutas. Temos *reality shows* de celebridades, de mulheres burras e ricas, de cabeleireiros competindo para ver quem é o melhor ou de estilistas disputando um lugar ao sol no famoso mundo da moda.

Temos também muita gente incrivelmente normal e sem graça que fica célebre de repente nos *reality shows* de comportamento na tevê. Gente como a gente, que se torna célebre por não ter nada de diferente para oferecer. Mesmo assim, eles invadem nossa programação, e em pouco tempo se tornam celebridades muito visíveis, capazes de ser pautas nos mais diversos veículos. E passados poucos meses do encerramento do programa, não conseguimos sequer lembrar o nome dos vencedores da última edição. Ou seja, tudo muito rápido, muito intenso, muito forte, muito visível. Tudo em excesso e depois o descarte e a punição da invisibilidade. E a fila anda e não nos fixamos em ninguém.

Referências tão rápidas **como a estação**

Na música, temos centenas de bandas fazendo sucesso — todas muito parecidas e tocando mais ou menos a mesma coisa que não conseguimos mais ter uma delas como referência. São dezenas de gêneros e estilos, e mesmo assim, achamos que tudo é a mesma coisa. Você sabe dizer que gênero musical predomina hoje? Temos algum?

Minha sensação é de que temos muitos, que tudo ficou muito multifacetado e que, na verdade, não temos mais nenhum específico que mereça grande destaque. Temos, sim, muitas releituras e nada de novo nem marcante o suficiente para nos fazer parar e prestar atenção.

Temos hits que já são descritos como apenas hits de verão. Músicas que conseguem um estrondoso sucesso e que tocam sem parar insuportavelmente por um ou dois meses para depois, incrivelmente, desaparecer com a mesma rapidez que surgiram (algumas para nosso alívio). Tudo sempre muito intenso, com muita oferta e tudo muito rápido. Da ascensão ao descarte. Assim, nos tornamos muito rápidos em consumir e também implacáveis em descartar na mesma velocidade.

Sem poder mais musicar nossos eventos na memória

Para muita gente, a música sempre funcionou como uma espécie de referência. Se você tem mais de 40 anos, pense num evento da sua vida de 20 anos atrás e vai se lembrar das músicas ou do estilo predominante que era sucesso na época. Isso era muito marcante e funcionava como referência de épocas e estilos.

Hoje nos lembramos do fato, vem na memória a música e as gavetas do cérebro vão se abrindo com outras lembranças encadeadas. Você pensa num fato dos anos 1980 e vai se lembrar do estilo new wave, das horríveis calças bag, semibag, blazers com ombreiras e óculos com armação de cores berrantes.

A música sempre desencadeou essas associações. Para mim, ajudava a me situar muito bem em épocas, anos. Os estilos musicais funcionavam como marcação numa régua do tempo particular que facilitava meus brancos de memória. Assim, boa parte dos meus eventos pessoais, como o primeiro emprego, a primeira passeata contra a ditadura, o movimento estudantil, a abertura democrática, a Constituinte, a primeira graduação, a primeira pós-graduação, o primeiro casamento, o primeiro filho — todos foram assinalados com músicas nessa minha linha do tempo.

Abundância e tédio

Ainda hoje penso nos fatos da minha vida e vem a música correspondente àquela época. E constato, tristemente, que meus fatos pessoais marcantes das décadas de 1990 a 2010 acabaram ficando sem trilha sonora correspondente. Ou podem ter tantas trilhas sonoras sem graça que nenhuma delas me salta fácil da memória. Porque foram tantos os sucessos e tão irrelevantes que não deixaram nenhuma marca.

E me perdoem os músicos que só viveram profissionalmente as duas últimas décadas, mas simplesmente foram 20 anos de releituras, remendos e sucessos requentados. Duas décadas de muito ruído que, incrivelmente, passaram meio despercebidas na nossa memória musical. O que recebemos como novidade já era conhecido e foi apresentado como sendo *retrô*. E muito pouca coisa foi realmente inovadora que merecesse registro. A banda Os Mamonas Assassinas foi uma exceção em duas décadas de uma avalanche de pequenos sucessos e nenhuma novidade. Ou seja, muitas possibilidades, abundância e tédio. Muita estimulação, muita variedade e pouco significado.

Ídolos na Fórmula 1: ficamos sem o **herói completo**

Na Fórmula 1, que já foi uma paixão nacional, temos dezenas de pilotos vencedores que se alternam no pódio e na liderança do campeonato a cada domingo, e não sabemos mais dizer quem é o campeão que queremos seguir como modelo. Todos podem ser nossa referência em alguma coisa e nenhum encarna o que lá no fundo sabemos que é um herói.

O interessante é que todos poderiam ser nossos melhores modelos. Vários deles têm características que são motivo de inspiração. Mas como o padrão de todos é muito bom, nosso ídolo poderia ser qualquer um. Você me entende? Todos eles são bons e de certa forma são referência em alguma coisa: um pela frieza, outro pela destreza, outro ainda pelo estilo ou pela coragem. Mas nenhum deles encarna aquilo que tínhamos como mito, como figura do herói, como referência para nossas vidas. Um herói completo, da técnica na pista à vida pessoal, e que nos inspirava em todas as horas. Assim como foi o Ayrton Senna para os brasileiros há quase 20 anos.

Todos são muito **bons**, por isso **meu ídolo** pode ser **qualquer um**

A velocidade das inovações tecnológicas fez a performance dos carros ficar muito superior. Se você gosta de automobilismo, sabe que esses carros são muito melhores que os de três ou cinco anos atrás. As máquinas ficaram muito melhores e também muito semelhantes nos seus desempenhos e, com isso, os resultados acabam sendo muito próximos.

Dessa forma, nossos heróis não conseguem marcar suas diferenças pessoais. Ficam todos muito semelhantes porque tecnicamente — dentro do carro — são muito iguais. A diferença entre vencedores e perdedores nesse esporte nunca foi tão estreita e tênue como é hoje. Assim, não conseguimos decidir quem pode ser nossa referência, nosso novo herói. Todos podem e nenhum consegue. Todos podem ser referência em alguma coisa, mas nenhum foi capaz de conjugar tudo o que a gente espera de um herói.

Pequenos e **grandes ídolos** nas muitas variações de **esportes**

Temos muitos ídolos que vão dos grandes esportes tradicionais, como futebol, vôlei, basquete, aos esportes segmentados, que até algum tempo atrás nem sabíamos que existiam. Assim, com informação disponível sobre tudo e todos, temos referências de atletas nos mais diferentes esportes e perdemos a ideia daquele grande ídolo que marcava décadas, como tivemos com o Pelé no futebol, Michael Jordan no basquete ou Nelson Piquet e Ayrton Senna no automobilismo.

Hoje, em todas as áreas que pensarmos no mundo dos esportes, encontraremos pequenos e grandes ídolos. Temos ídolos nas diversas categorias das lutas de MMA. Podemos de uma hora para a outra passar a admirar o campeão japonês de sumô. OU ainda encontrar ídolos em categorias nas quais nem prestávamos atenção, como salto a distância, hipismo, natação ou pingue-pongue. Nossos ídolos podem estar em qualquer lugar e em qualquer esporte (pelo menos por um tempo). Podemos não só ter um ou dois, mas dezenas, das meninas americanas do nado sincronizado à russa do salto com vara, até a próxima Olimpíada ou a próxima onda viral na internet.

Ter **possibilidades demais** não permite que cristalizemos algo

Na verdade, essa é boa parte do problema. Ter demais e poder se espelhar em muita gente. Tem muito de tudo, e tudo ficou excessivamente fragmentado. Assim, mal conseguimos vislumbrar realmente a categoria ídolos e heróis. Dessa forma, ficamos sem espelhos. Vagamos sem referências. Adoramos todo mundo um pouquinho. E vislumbramos a floresta na sua pior imagem: como um borrão verde que impede de ver os detalhes das árvores que deveríamos ver.

Joseph Campbell deixa isso bem claro quando fala de mitos e heróis. Numa passagem do livro *O poder do mito*, Campbell é entrevistado por Bill Moyers, que o questiona sobre o tema heróis míticos. Veja este diálogo na entrevista:

"Moyers: Você tem um herói mítico predileto?

Campbell: Quando eu era menino tinha dois heróis. Um era Douglas Fairbanks, o outro era Leonardo da Vinci. Eu queria ser uma síntese dos dois. Hoje não tenho nenhum herói em particular.

"Moyers: Nossa sociedade tem?

Campbell: Teve. Foi Jesus Cristo. Então os Estados Unidos tiveram homens como Washington e Jefferson; mais tarde homens como Daniel Boone. Mas a vida de hoje é tão complexa, muda tão rápido, que não há tempo para que qualquer coisa se cristalize, antes de ser descartada.

"Moyers: Hoje parece que reverenciamos celebridades, não heróis.

Campbell: Sim, e isso é muito mau. Certa vez foi feita uma pesquisa numa escola secundária do Brooklin, que perguntava: 'O que você gostaria de ser?' Dois terços dos estudantes responderam: 'Uma celebridade'. Eles não tinham noção da necessidade de dar a si próprios a fim de realizar alguma coisa.

"Moyers: Só queriam ser conhecidos.

Campbell: Só queriam ser conhecidos, ter fama — nome e fama. Isso é muito mau.

"Moyers: Mas uma sociedade precisa de heróis?

Campbell: Sim. Penso que sim.

"Moyers: Por quê?

Campbell: Porque ela tem necessidade de uma constelação de imagens suficientemente poderosa para reunir, sob uma mesma intenção, todas estas tendências individualistas.

"Moyers: Para seguir algum rumo?

Campbell: Penso que sim. A nação necessita, de algum modo, de uma intenção, a fim de atuar como um poder uno."

A sociedade do excesso não consegue que alguma coisa tenha tempo para se cristalizar. Como o mercado nos inundou de possibilidades, passamos a atuar como verdadeiras máquinas de descarte. Aprendemos a descartar muito mais do que acolher e não conseguimos mais dar tempo ao tempo, mesmo que seja para avaliar e consolidar imagens em que possamos nos espelhar.

A mesma fragmentação que o mercado oferece pela extrema segmentação acontece com os desejos das pessoas. A ideia de nação, em vez de se unificar em torno de uma intenção, torna-se fragmentada, dispersa e frágil pelos milhares de motivos individuais.

O excesso causa a fragilidade das intenções

Somos surpreendidos por grandes mobilizações em rede, reunindo milhares de pessoas, sem nenhuma intenção política ou com o propósito de levar adiante uma ideia, defender uma causa, reivindicar ou protestar por alguma coisa. Elas acontecem por pura diversão.

Mobilizações mundiais como a passeata dos zumbis — chamada de Zumbie Walk — são exemplares. Reúnem gente de todas as idades nas grandes capitais do mundo inteiro: gente que se fantasia de zumbi como nos filmes de terror trash, com roupas de brechó rasgadas, sangue de ketchup e olhos pretos de maquiagem — simplesmente para andar nas cidades e se divertir consigo mesma e com a reação das pessoas nas ruas. Os personagens zumbis se divertem, se fotografam, se autoeditam e se tornam relações-públicas digitais de si mesmos, compartilhando imagens e mensagens compulsivamente na própria passeata.

E para nos divertir e relaxar, criamos mais excesso, mais ruído e mais estresse

Outro exemplo, este gerado no Brasil, foi o caso da menina "Luiza que estava no Canadá". Um caso emblemático da superficialidade de um vídeo que vai para as redes sociais, ganha as massas e atola a internet de conteúdo inútil. Você deve ter visto ou assistido. Talvez tenha até passado um desses vídeos adiante para os amigos, mas eu relembro aqui para quem estava fora deste planeta na época. Em um vídeo gerado por um comercial de tevê, um pai mencionava que toda a família estava feliz com a compra de um novo apartamento, menos a filha Luiza, que estava no Canadá. A informação irrelevante e a maneira como o pai disse isso causou o estranhamento. Quem assistiu achou muito engraçado.

O vídeo virou um estrondoso hit no YouTube e o tema foi *trend topic* durante muitos dias no Twitter. A notícia ganhou as mídias on-line, foi pauta da mídia off-line e chegou a ser matéria de periódicos na Europa e nos Estados Unidos. Se você pensar no motivo, chega a ser ridículo de tão inútil. Completamente sem fundamento, e talvez por isso tenha conseguido ganhar a adesão de milhões de pessoas que não esperam nenhum conteúdo, apenas diversão e compartilhamento.

E tome mais ruído na mídia e mais inutilidades multiplicadas na internet, deixando a vida mais complexa e a rede mais saturada com bruma, fumaça — que distrai, confunde e sobrecarrega. E todos nós mais sedentos de alívio e mais desejosos de momentos de prazer para nos resgatar da neurose de uma sociedade complexa.

EMO

ÇÃO

"A ÚNICA COISA IMPORTANTE ESTÁ EM COMO VOCÊ TOCA AS PESSOAS. PROVOQUEI UM SENTIMENTO EM ALGUÉM? ERA EXATAMENTE ISSO QUE EU QUERIA. UM SENTIMENTO PERDURA, AS TEORIAS NÃO."

PETER DRUCKER

capítulo 05

O EFEITO TEFLON
DO SEU CÉREBRO

Por que ficou tão difícil comunicar
alguma coisa acessando o lado **racional**
das pessoas?

> **"**Nem tudo o que conta pode ser contado.
> E nem tudo o que pode ser contado conta.**"**

Albert Einstein

Qual é **o valor**, mesmo?

Outra consequência de uma sociedade em que tudo é excedente e grandioso é a perda de parâmetros para fazer julgamentos de valor. Em 2012, no desenrolar dos preparativos para o IPO (abertura de capital) da rede social Facebook, a imprensa especializada especulava que a empresa poderia alcançar o valor de mercado de 100 bilhões de dólares. O fundador do FB, Mark Zuckerberg, falava em levar a empresa a valer 1 trilhão de dólares depois do IPO. Esse número é muito ou é pouco para você? Não tem certeza? Pense bem, estamos falando da possibilidade de uma empresa obter 1 trilhão de dólares de valor de mercado. Faz sentido para você ou fica alguma dúvida sobre a grandiosidade desse valor?

Na sociedade do excesso acabamos nos acostumando a ver números grandiosos. Tudo parece que é ou que tenta ser exponencial, com valores gigantescos e cifras cada vez maiores que causam um efeito interessante: simplesmente não prestamos mais atenção. Pouca coisa hoje nos impressiona em termos de "números grandiosos". Porque tudo parece que passou a ser grandioso.

Passamos para um estágio de aceitar qualquer número gigantesco e não pensar mais nele porque simplesmente não temos mais noção se o que estamos vendo é real ou é falso. Perdemos o parâmetro do que é grande. Não conseguimos julgar a diferença entre o grande, o muito grande e o excepcionalmente grande, ou a comparação entre o enorme, o gigantesco e o fantástico, porque parece que tudo ficou turbinado e, quando tudo é superlativo, o cenário não impressiona mais, fica tedioso.

Sem ter como comparar, não conseguimos julgar

Sim, porque para fazer um julgamento de valor você precisa basear-se em alguma coisa, ter algum parâmetro, se agarrar em algo que funcione como um balizador. Porque o barato ou caro depende de uma série de fatores circunstanciais. Depende da necessidade de quem vai comprar e da disponibilidade no mercado.

Se precisamos muito de uma coisa e não a encontramos com facilidade para comprar, nosso interesse momentâneo em resolver a situação pode nos fazer pagar muito mais por ela porque é conveniente para nós naquele momento. Pense em visitas chegando a sua casa tarde da noite de sábado e você com a despensa vazia, sem ter o que oferecer. Pense em ter de buscar bebidas como uma emergência. Você não pechincharia o preço da garrafa de refrigerante na loja de conveniência do posto de gasolina, mesmo que fosse o triplo do preço do supermercado, porque, naquela hora, você precisa muito. Esse é o valor da conveniência.

Acesso **fácil** ou **difícil**

O valor também depende da quantidade de recursos de que dispomos para comprar ou da facilidade de conseguir acesso a esses recursos, como o fator crédito. Uma coisa também pode ser muito barata para quem dispõe de muitos recursos e, naquele momento, parecer muito cara para outra pessoa que não dispõe de tantos recursos ou que tem dificuldade de acesso a crédito. Isso é circunstancial. Pode ser caro para uns e barato para outros. Bens de consumo duráveis como carros podem valer o preço de um apartamento, mas ser considerados de fácil acesso a uma massa maior de consumidores pela característica do financiamento do bem — que pode ser facilmente retomado — e pela liquidez — facilidade de vender.

Abundância e escassez

Outro ponto para se agarrar em julgamentos de valor vem da ideia de relação entre abundância e escassez. O quilo do ouro tem um valor bastante alto porque é um metal muito raro no mundo. A mesma lógica vale para metais como a prata ou para os diamantes. Nestes, quanto maior e mais alta a pureza, mais raro e muito mais valioso o metal. Da mesma forma, quanto mais valioso, mais desejado no mercado.

O mesmo não podemos dizer de outros recursos naturais, como a água potável, por exemplo. E antes que você se zangue comigo por dizer que a água não tem valor de mercado, permita que eu termine este raciocínio. A água doce é um recurso finito e talvez seja definitivo para a existência do ser humano neste planeta, e eu também estou empenhado em preservá-la. Mas a água potável ainda existe em abundância, o que nos permite comprar um litro dela por um preço bem razoável. Ou seja, num raciocínio muito simples (e cínico): há mais água no mundo do que diamantes, por isso eles são mais caros. O.k.? Ou seja, tudo o que existe de sobra teoricamente está acessível e tem preço baixo. Tudo o que é escasso torna-se valioso porque poucos terão acesso. Fica bem assim?

Então precisamos de parâmetros para fazer julgamentos rápidos de valor, sejamos Ph.D. em economia ou feirantes de fim de semana. Precisamos de fatores que possamos comparar, precisamos ter uma ideia, mesmo que rápida, de abundância e escassez e um olhar para as circunstâncias que cercam o negócio. Os parâmetros funcionam como métrica que nos permite dizer rapidamente se uma coisa pode ser barata ou cara sem entender muito bem dessa coisa ou do mercado, apenas pelas nossas percepções.

Esses balizadores estão na cabeça de economistas especializados com muito mais profundidade e precisão, óbvio, mas também estão na cabeça da dona de casa que sabe se o preço do tomate está alto ou baixo na feira.

Pelo ruído de mercado, mais dificuldade nos extremos

Mas o que acontece então com a questão que eu propus a você com relação ao valor do Facebook? Perguntei se o valor de 1 trilhão de dólares era caro ou barato para o valor de mercado de uma empresa. Mas você, mesmo sendo leitor de livros de negócios, gaguejou. Por quê? Porque este é o efeito de uma sociedade do excesso, em que tudo ficou tão rápido e tão exponencial. Passamos a conviver com mudanças muito rápidas e números que crescem de uma forma que não conseguimos acompanhar e, por isso, perdemos a noção de valor das coisas, principalmente nos extremos: coisas muito baratas ou muito caras.

Se você não vai ao supermercado rotineiramente, não sabe se é justo pagar R$ 5,50 pelo quilo do tomate. O tomate está barato para você? E a batata? E o quilo da cebola? Da mesma forma, a dúvida se instala na outra ponta. Você fica em dúvida se o valor do Facebook pode um dia chegar a 1 trilhão de dólares facilmente ou se isso é uma grande bobagem para atrair mais investidores. Ficamos tontos.

Então, quando nos perguntam sobre a declaração de que o FB pode em breve ganhar um valor de mercado de 1 trilhão de dólares, nós travamos. Precisamos de algo para comparar (os balizadores que a dona de casa usa na feira para comprar verduras) para saber se ele está blefando ou se isso é uma meta realizável em meio a mudanças tão rápidas e números sempre muito turbinados — comuns no período que antecede IPOs.

Uma empresa de **1 trilhão de dólares**

Voltemos à questão inicial: o valor de mercado do Facebook e se isso é factível ou não. Pegue, inicialmente, a cifra que o mercado estava acreditando que ia obter no IPO: 100 bilhões de dólares. Muita gente achou normal, mesmo sabendo que essa cifra é muito, muito grandiosa para uma empresa. Mas reserve essa informação. Em seguida, volte à declaração do fundador do FB, Mark Zuckerberg, de que não se contentava com isso e que muito em breve a empresa fundada por ele poderia alcançar a cifra de 1 trilhão de dólares de valor de mercado.

Se você não é economista ou profissional especializado em fusões e aquisições de mercado, dirá que não tem ideia. Talvez esse número seja tão grandioso que você diga que isso é impossível. Ou talvez, o contrário, você esteja tão acostumado a ouvir cifras e números grandiosos, um pouco tonto no meio de noticiários, que aceite esse valor com a maior naturalidade. Principalmente quando os números se referem a empresas da nova economia. Isso é o que acontece com a maioria de nós. Uma espécie de efeito teflon. Nada grandioso gruda mais nas nossas mentes por muito tempo. Assim, você ouve isso e acha "normal". E é esse o efeito que afeta a maioria de nós. Perdemos a referência em cifras grandiosas, não sabemos mais julgar e aceitamos como natural sem questionar nada.

Um **México** ou quase **meio Brasil**

Para não deixar dúvidas, eu lhe digo que esse número prometido para o FB é grande. Muito grande. E vou lhe dar uma referência — um parâmetro — para você mesmo julgar. O PIB do Brasil é de 2,48 trilhões de dólares. Ou seja, a soma de tudo o que é produzido no Brasil, de toda a riqueza do país, chega a 2,48 trilhões de dólares. Então, o FB seria mais ou menos "quase meio Brasil". E agora? Um trilhão de dólares parece grande e absurdo? Ainda não?

Se você ainda não está convicto dessa grandeza, pense que o valor de mercado previsto para o FB poderia ser um PIB do México de 1,15 trilhão de dólares. E agora? Ou tome ainda como referência o PIB dos Estados Unidos — não preciso lhe dizer que, mesmo com crise, ainda é a maior economia do planeta —, que é de mais ou menos 15 trilhões de dólares. Dessa forma, o Facebook valeria 1/15 do valor da maior potência do planeta. E agora? O valor de mercado previsto pelo fundador do Facebook lhe parece real ou absurdo? Faz sentido para você? Entendeu por que estamos paulatinamente perdendo a lucidez para números numa sociedade em que tudo é grandioso?

Espetacular, mas absurdo.
Pelo menos neste momento

Isso seria um valor ESPETACULAR para uma empresa. Um valor de mercado tão GRANDE que nunca foi atingido por nenhuma empresa de nenhum setor até hoje. E não sei se o FB conseguirá atingir um dia esse número. Mas como estamos tontos com números tão grandiosos, não pensamos muito nisso.

Ficamos confusos e aceitamos sempre como verdade porque perdemos os parâmetros. Perdemos a lucidez e a clareza de espírito para avaliar números. Esse é o problema de uma sociedade sempre turbinada em números. E isso acontece o dia todo com você. Boa parte do que ouve nos noticiários, nos editoriais, na internet ou na publicidade e propaganda passa batido porque você perdeu os parâmetros.

O **estado estéril** da mente para números

Qualquer número ou dado pode ser aceito como verdade, como também nada penetra ou se fixa na mente. Ou seja, pode ser o efeito "maria-vai-com-as-outras" — uma espécie de comportamento de manada muito comum nas redes sociais: qualquer número mentiroso pode ser aceito como verdade porque você não julga mais, aceita tudo e todos; como pode ter efeito contrário: criar uma propensão à eterna descrença. Uma predisposição a não ver e "não pegar" mais nada — o efeito teflon —, nada gruda no seu cérebro. Pode insistir com mídia, pode repetir eternamente, pode bombardear seus olhos e ouvidos todos os dias que nada gruda. Seu cérebro ficou insensível ao lógico, ao racional, e os números não fazem mais efeito porque não fazem mais sentido. Você tomou doses tão altas de números e dados estatísticos turbinados que seu cérebro criou barreiras altas para sentir os efeitos. Você não se surpreende mais. Numa sociedade cada vez mais fria e grandiosa em termos de aceleração de tudo, de números sempre potencializados pela mídia, em que tudo é exponencial, você ficou insensível como forma de fuga, como proteção natural para sobreviver à avalanche de informação. E assim avançamos rapidamente para uma condição que eu chamo de ESTADO ESTÉRIL. Uma condição que nos protege do excesso e ao mesmo tempo cria uma complexidade muito maior para a comunicação e para a mídia. Como lidar com o excesso? Como penetrar de novo na mente dos consumidores? Como provar o seu valor? Como destacar os seus benefícios no meio dessa gritaria de vantagens estéreis? Como levar a informação correta? Como acessar somente quem queremos acessar? Como tocar seu cérebro e seu coração de novo? Como fazer você sair do meio da manada? Como fazer você se diferenciar e ser percebido em uma multidão muito estressada e totalmente igual a você?

Não se engane com os números vistosos

Para encerrar esse exemplo, enquanto eu redijo, vejo o jornal à minha frente e a manchete diz que o valor do Facebook está em queda livre. Meu Deus! Coitado do Mark, penso eu. As ações que abriram em 38 dólares no IPO três meses depois estavam valendo 19,90 dólares. Um enorme tombo para quem imaginava chegar fácil aos 100 bilhões e de lá dar um pulo para ser o "rei do morro" das maiores do mundo valendo 1 trilhão! Mas não se engane de novo. O Mark não está pobre, não. A marca Facebook continua entre as mais valiosas do mundo, só que agora um pouco menos brilhante e sedutora do que na época do IPO, quando prometia aos investidores ser a oitava maravilha do mundo como modelo de negócio.

Conforme a Interbrands — empresa especializada em avaliação de marcas mundiais, em matéria distribuída pela Folhapress de 8 de outubro de 2012, o Facebook está em 69º lugar no ranking das marcas mais valiosas do mundo. Perde até para a Pepsi! Vejam só. E seu valor de mercado é de 5,42 bilhões de dólares. Quanto? Isso mesmo que você viu: 5,42 bilhões de dólares. É... Isso é para você ficar esperto com números grandiosos numa sociedade que parece estar fascinada pelo gigantismo. Em uma sociedade onde tudo é sempre muito grandioso, lustroso e brilhante, os números podem nos pregar peças e nos levar a decisões equivocadas.

Distração e ruído como pano de fundo

Grandes números são tão corriqueiros que não impressionam mais ninguém. O resultado é que parece que toda comunicação focada em números e somente no RACIONAL fica como um ruído de fundo. Ruído de conversa de restaurantes agitados. Um zum-zum-zum que não chega a interromper o raciocínio do que você está falando, mas que você também não compreende muito bem o que é. E o pior: você se acostuma com a distração desse ruído. Vira sua trilha sonora de fundo.

O truque sujo dos políticos com a divulgação de números

Por isso a maioria dos políticos em final de mandato faz propaganda e relatórios em que são descritos seus grandes feitos. E, invariavelmente, essas obras são apresentadas com o objetivo de passar aos eleitores o resultado de feitos grandiosos. Você vai constatar que os números aparecem em denominações como: "milhares de metros quadrados de obras para a educação". Se os "milhares de metros quadrados de obras para a educação" fossem transformados em escolas, muitas vezes, daria duas ou três delas, no máximo. O que pareceria pouca obra para um governo, não?

Mas "os milhares de metros quadrados construídos", ou "centenas de horas trabalhadas" e coisas do gênero deixam tudo com ar de grandioso para quem já está sempre meio tonto com grandes números. E se os números são grandes, a maioria das pessoas — sem parâmetro para comparar — tem a impressão de que o sujeito deve ter feito coisa boa. E como vivemos meio saturados com números sempre anabolizados, qualquer coisa com mais de seis dígitos se torna algo grandioso!

Isso é **caro** ou **barato**?

Isso me faz lembrar um pouco da minha infância (de novo), porque quando eu era criança (e muito pobre), tinha a mania de ficar perguntando para os meus pais se uma coisa era barata ou cara quando passávamos por possíveis presentes em vitrines de lojas na rua.

Era um mecanismo criado por mim para sondar se eu podia pedir como presente ou não. Como sabia que meus pais não tinham recursos para me comprar brinquedos como presentes extras, eu não pedia, simplesmente perguntava se aquela coisa era barata ou cara. O meu sonho sempre era um dia ouvir que era barato para poder pedir. Confesso que não deu muito certo. Infelizmente coisas supérfluas como brinquedos eram sempre muito caras para os meus pais.

O que **é razoável** para você?

Como consumidores, sempre tivemos uma razoável noção de valor porque comparamos coisas pela sua utilidade prática em nossas vidas e sobre isso — em frações de segundo e sem pensar muito — sobrevalorizamos ou aplicamos redutores de valor com base no bom-senso e na razoabilidade. Então, até bem pouco tempo atrás, mesmo sem ser especialista, a maioria de nós sabia dizer quando uma coisa estava ou não muito fora dos padrões. Geralmente acertávamos e não éramos enganados.

Pois bem. Numa era de números grandiosos como os de agora, até esse sentido acabou distorcido e nos levando seguidamente para armadilhas de percepção. Porque hoje temos muita dificuldade em avaliar a razoabilidade de valor de algumas coisas, já que estamos nos acostumando com cifras gigantescas, velocidades impressionantes e números grandiosos. Veja algumas comparações que fiz para você.

Quatro rodas = **1,5 carro** zero-quilômetro

Os números passaram a ser mais um elemento de estresse numa sociedade de excessos. O consumidor simplesmente tem muita dificuldade para julgar e decidir. E, em muitas situações da vida cotidiana, ficamos sem parâmetros. Mas basta você comparar e vai ficar boquiaberto com algumas constatações.

Há bem pouco tempo estive pesquisando o preço de um jogo de rodas para uma Mercedes-Benz S63. Na concessionária autorizada, constatei que cada roda custava R$ 7.554,02. O jogo com quatro rodas (sem pneus) custava então R$ 30.216,08. Ou seja, daria para comprar 1,5 Fiat Mille Fire, zero-quilômetro, que estava em oferta naquele mês por R$ 21.000. Parece absurdo? Não sei. Tudo depende. Se você pensar que é uma Mercedes, que é símbolo de prestígio, elegância, poder e uma marca icônica em todo o mundo e que, no portfólio de opções da marca, este modelo é top de linha, pode fazer algum sentido — porque as rodas devem custar bem menos de 10% do valor total do carro. Mas se você pensar que é somente um jogo de quatro rodas, literalmente ficará chocado.

Decisões **nada racionais**

Esse é um dos aspectos de uma sociedade que mescla grandiosidade e cada vez menos tempo para fazer reflexões profundas e comparações. Tudo acontece muito rápido e somos bombardeados com tanta informação que ficamos meio tontos e passamos a não questionar muita coisa. Simplesmente vamos fazendo. Em uma sociedade repleta de números, passamos a tomar decisões que, às vezes, não são nada racionais. Simplesmente porque passamos a ficar mais propensos às decisões emocionais ou porque estamos perdendo os parâmetros para fazer julgamentos, digamos, mais racionais. Quer outro exemplo?

Um **fogão = 3,3 carros** zero-quilômetro

Um modelo top de fogão da marca Viking — a marca de equipamentos de cozinha mais venerada do mundo pelos gourmets — custa em torno de R$ 70.000,00.

Isso é caro ou barato para você? Depende, você dirá. Depende do tamanho da conta bancária de quem vai comprar. Essa seria a primeira variável. Mas também depende da casa, depende do talento de quem vai querer pilotá-lo, depende do seu ego querendo impressionar os amigos no jantar. Depende.

Tá, eu sei. Sei o que você vai dizer. Mas tente colocar a emoção de lado (e o ego também) e vamos nos ater somente aos fatos: (1) é um fogão!; (2) é um fogão!; (3) é um fogão! Um fogão e nada mais. Tá bem. É o melhor do mundo, com seis bocas, chapa, grelha e dois fornos maravilhosos, gaveta para manter os alimentos preaquecidos, design *cool* e coisa e tal. Mas ainda assim é um fogão e ponto.

Se você conseguir tirar toda a sua emoção de gourmet deste raciocínio, concluirá que com esse valor é possível comprar pelo menos uns 3,3 carros Fiat Mille Fire zero-quilômetro (para usar a mesma moeda de referência do exemplo anterior). E agora? Você fica chocado? Não?

Uma garrafa de **vinho = 4 carros** zero-quilômetro

Pense em gente que toma vinho. E pense num vinho muito bom. Um vinho realmente bom, daqueles para ocasiões muito especiais. Não sou nenhum especialista, mas se você pensou em ótimos vinhos e marcas consagradas, deve ter incluído na sua lista um rótulo como o Romanée-Conti. Uma marca emblemática. E se for de uma safra especial? Aquela que os entendidos dizem que foi inigualável, que se tornou *vintage,* definitiva. Pense em tudo isso e agora acrescente o fato de custar R$ 22.000,00 a garrafa. Pense bem. Uma mísera garrafa de 700 ml que você consome em menos de uma hora num jantar custa 22 mil reais!

Agora prepare-se. Acrescente o fato de que, num site especializado em vinhos especiais que a minha secretária Aline descobriu, o mesmo Romanée-Conti, dependendo da safra, como a de 2005, pode ser encontrado por até R$ 89.000,00 a garrafa. Isso mesmo que você está lendo. Oitenta e nove mil reais. Para tomar.

Seguindo a mesma lógica da conversão em Fiat Uno, isso significa que, com uma garrafa desta safra 2005 especial de Romanée-Conti, você poderia comprar 4,3 Fiat Mille Fire zero-quilômetro. Se você comprasse quatro deles, ainda teria troco. Um troco que permitiria comprar uma centena de latas de cerveja para estocar e tomar com os amigos no churrasco. (O que seria uma enorme ofensa para um bom bebedor de vinho.) Recapitulando: quatro Fiat Mille Fire zero-quilômetro e algumas centenas de latas de cerveja = uma garrafa de vinho. Dá pra imaginar isso? É razoável para você?

Tudo tão **grandioso** que **não** nos **impressiona mais**

Talvez você fique chocado pensando nesse exemplo da garrafa de vinho olhando para o seu contracheque sob a pilha de papéis na escrivaninha de casa. Ou talvez ria da minha ingenuidade lendo este livro enquanto bebe o seu Romanée-Conti safra 2005 e sorve um daqueles seus charutos Churchill ao pôr do sol de Angra, no convés da sua lancha.

Mas talvez você nem se impressione mais. A maioria das pessoas diria: "Meu Deus!!!" (assim, com cara de três exclamações). E ficaria chocada num primeiro momento. Mas não se engane. Seria apenas num primeiro momento. No minuto seguinte já teria esquecido tudo isso. Por quê?

A notícia boa: menos planilhas de Excel

Minha teoria é que não ficamos mais insensíveis, não. Ficamos assim porque todos passamos a ter sempre alguma pressa e porque vivemos em meio a um turbilhão de números TÃO GRANDIOSOS, que MUDAM com uma velocidade TÃO GRANDE que não nos assustamos com mais nada (coloquei as palavras em maiúsculas para você não passar batido, lendo com pressa). E então assumimos dois comportamentos que se sobrepõem: ficamos meio tontos e confusos com os grandes números e ao mesmo tempo tomamos decisões muito mais emocionais do que tomávamos antes.

O lado direito **do cérebro**

A atitude de decidir com o lado direito do cérebro (emocional) nos faz sobreviver ao estresse da sociedade do excesso, da sociedade congestionada (e nos salva da ditadura objetiva das planilhas do Excel!), mas também afeta sobremaneira a nossa racionalidade. E, dessa forma, as marcas — e a confiança que temos nelas — ganham uma relevância muito maior. Uma importância como nunca vimos antes.

Mas continuemos a entender o fator grandeza na nossa vida para depois poder pensar nas soluções e nos caminhos a seguir na parte 3 deste nosso papo. Veja comigo que escalamos agora um novo patamar semântico. Precisamos criar novas palavras para poder dizer o tamanho de muitas coisas por causa dessa sociedade sempre superlativa.

Novas palavras para descrever o que não cabe mais **nas expressões**

Estamos aprendendo a conviver com expressões recém-criadas para comportar a nossa sociedade turbinada. Exabytes. Você já deve ter ouvido essa expressão. Ela é a forma para representar 1 bilhão de gigabytes ou 1 bilhão de bilhão de bytes. Uma expressão que foi criada poucos anos atrás para poder descrever o volume em gigabytes trafegando na internet hoje, pois já não havia termo para descrever tal grandeza. Para efeito de curiosidade sobre o impacto desse nosso período de gigantismo, tenha em mente que em 2006 o mundo produziu 161 exabytes de dados digitais, de acordo com uma pesquisa da *Columbia Journalism Review*. Nas palavras de John Naish para o jornal americano *Times*, esse número corresponde a 3 milhões de vezes as informações contidas em todos os livros escritos até hoje. Em 2011, esse número saltou para 1.750 exabytes. E você ficaria impressionado se associasse esse número com páginas. Um exabyte representa 1.074 petabytes. Um petabyte representa 500 milhões de páginas impressas. E aí? Isso é um volume considerável ou não para você?

Assim, paulatinamente, estamos perdendo a noção de alguns valores ou deixando de prestar atenção neles — ou porque fogem da nossa compreensão ou porque existem tantos e todos são tão grandes que não mais nos impressionam. Ou ainda porque simplesmente eles não cabem mais nas expressões que tivemos por décadas para descrevê-los.

Isso passa a ter um impacto importante na nossa vida, porque não só altera a nossa percepção sobre os fatos, mas, de certa forma, também altera algo que sempre foi muito valioso para a comunicação das marcas: a atenção dos seus consumidores.

Sob esse aspecto, fica uma certeza: sem contexto, nós, consumidores, não conseguimos julgar mais nada. Então, se você for divulgar um número e quiser impressionar alguém, forneça um cenário que possa ajudá-lo a se situar. Não se esqueça nunca disso. Se não, será mais um número frente ao nosso tédio de números grandiosos numa sociedade em que tudo é gigante. E se tudo é sempre tão grandioso, não nos importamos mais. Quer ver outro exemplo?

Você ainda se **impressiona** com **milionários**?

Pense bem. Boa parte de nós nasceu e cresceu com a ideia de que um sujeito milionário era um sujeito muito, muito rico. Tipo o personagem Tio Patinhas da infância de muita gente com mais de 40 anos. Um personagem que por ser milionário tomava banho numa banheira cheia de moedas de ouro. Em nosso imaginário e no inconsciente coletivo, um milionário era um sujeito assim. Que se não nadava diariamente em dinheiro, pelo menos não precisava mais trabalhar. Vivia de rendas e de gastar o dinheiro. Era um sujeito que você pensava que nunca ia cruzar na sua frente em toda a sua vida. Um sujeito que você só veria nas páginas das revistas de fofocas tomando suco de laranja numa mesa de café da manhã em ilhas paradisíacas do Caribe.

Mas hoje, se você reparar, nas mais variadas capitais encontramos anúncios de apartamentos que ultrapassam essa cifra (1 milhão) e que não chegam a ser palácios suntuosos de xeiques da Arábia, mas apartamentos bem localizados em bairros nobres. E eu jamais diria que apartamentos de mais de 1 milhão passaram a ser banais nas capitais. Mas vamos combinar que hoje isso não é mais uma raridade. Não acredita? Pegue o caderno de imóveis classificados e veja. Entendeu agora?

Banalização e tédio

Também estamos nos acostumando a toda hora a nos deparar com mais uma lista de BILIONÁRIOS do mundo, inclusive de bilionários do Brasil. E a lista de milionários no mundo? Aquela clássica da revista *Forbes*? Aquela não faz mais sentido. Por quê? Porque perdeu a graça. Há milionários demais no mundo. Porque se a lista continuasse a ser como era, de milionários, seria interminável e tediosa. E dessa forma, ninguém teria mais interesse.

Só para você ter uma ideia, enquanto eu escrevia este capítulo, recebi por e-mail um convite para uma palestra sobre o consumo dos ricos, e nele constava a informação de que no Brasil de hoje temos cerca de 150 pessoas consideradas milionárias e 50 bilionárias.

Qual é a conclusão? Uma primeira e óbvia é que a inflação registrada nas últimas décadas tirou um pouco do brilho do dólar e que 1 milhão de dólares não é mais o que era nas décadas de 1950 ou 1960. O Tio Patinhas não estaria pobre, mas teria menos valor hoje do que na época áurea das revistinhas em quadrinhos da Disney.

A outra conclusão que se pode tirar é que o mundo criou um volume maior de riquezas do que no passado. Talvez. Minha crença diz que existe mais riqueza hoje no mundo do que havia no passado, como também acredito que hoje ela está muito mais distribuída pelo mundo. Mas isso não vem ao caso. O que importa aqui e que quero ressaltar é que passamos a banalizar algumas cifras porque tudo ficou muito grandioso nesses tempos. E, onde existe excesso, o senso crítico diz que já não deve ser tão valioso como achávamos.

Assim, perdemos interesse nos milionários (que existem de sobra no mundo!). A revista *Forbes* entendeu isso e criou uma instância superior: passou a editar e publicar a lista dos bilionários! O que assusta é que, na velocidade em que as coisas andam e com tudo ficando exponencial, não consigo imaginar a lista daqui a alguns anos. Ela será de trilionários? Biliardários ou coisa do gênero? Dá para imaginar por que estamos perdendo a capacidade de julgar o que é um grande número e por que a comunicação de cifras e números está esgotando a sua capacidade?

Tudo é superlativo, por isso não prestamos mais atenção

Da mesma forma que não conseguimos julgar o tamanho de cifras e números, também esgotamos o significado de algumas expressões na comunicação. Muitas expressões que proporcionavam singularidade de sentido já não significam mais nada, pois ficaram iguais a tantas outras. Dessa forma, a carga semântica de algumas expressões perdeu sentido. Criamos uma espécie de esgotamento de significado e muitas expressões consagradas hoje não significam mais nada. Passam no vazio da nossa mente e não produzem mais reação alguma. Isso acaba tendo impacto negativo nos resultados dos esforços de comunicação e, em consequência, na percepção de valor que temos das marcas.

Veja o que a professora de Harvard, Youngme Moon, no livro *Diferente*, diz sobre o assunto: "Enquanto isso, existe muita redundância na maneira como esses produtos são anunciados. Ser fluente na linguagem do marketing de produto significa, aparentemente, ter elevado ao máximo a linguagem do exagero, e com isso me asseguram, toda vez que eu vou comprar alguma coisa, que todos os produtos são novos e aperfeiçoados, que tudo é maior e melhor".

Você se moveria do sofá por mais uma liquidação?

Pense comigo no real significado de uma MEGALIQUIDAÇÃO. O que é isso? Pelo nome, você dirá que é uma liquidação muito grande ou pelo menos maior que as outras. Mas como é que vamos acreditar que uma MEGALIQUIDAÇÃO é maior ou que é melhor quando todas se dizem SUPER ou HIPER ou MEGA? Qual delas realmente é a maior ou a melhor?

Dessa forma, numa sociedade de excessos, em que tudo é superlativo, não ajudamos em nada o consumidor a identificar alguma coisa nesse ruído todo. Pelo contrário, criamos mais ruído e congestionamento mental repetindo expressões que se tornaram vazias e que contribuem para nos deixar cada vez mais estressados e menos propensos a esboçar alguma reação. (A não ser reações de ódio, como a que estou sentindo agora por um carro de som que passa gritando mensagens publicitárias de liquidação sob a janela do prédio onde estou escrevendo este capítulo).

Tudo precisa **ganhar cada vez mais** escala

O que aconteceu com diferentes segmentos da economia aconteceu também com expressões consagradas da comunicação das marcas. Tentamos dar mais ênfase ao valor e esgotamos o sentido criando mais confusão. Até bem pouco tempo atrás, você só conhecia a expressão liquidação (tá certo! Um bom tempo atrás... uns 20 anos, talvez). Naquele tempo a gente sabia que uma liquidação era um período de ofertas extras por um tempo limitado. Você sabia que era uma ótima oportunidade de comprar e ganhar algum desconto.

A lógica era binária: ou era um período normal ou era um período com liquidação. E este, com ofertas extras, era valioso porque era muito escasso. Então, quando ele surgia, você não podia perder tempo. Era preciso correr e aproveitar. Por isso a coisa funcionava muito bem. Bastava comunicar que o período era de liquidação e os consumidores corriam para a sua loja. Existiam as épocas de liquidações, que aconteciam geralmente nos finais de estação da moda e em momentos muito especiais do ano. Todo mundo sabia disso e a lógica se perpetuava funcionando bem.

Mas em vez de continuar sendo fiéis ao conceito de ESCASSEZ (muito de vez em quando), as liquidações começaram a ficar muito mais frequentes, com mais gente praticando o mecanismo promocional e oferecendo a mesma coisa. Então o valor da liquidação, que era o valor da escassez, foi, aos poucos, se esgotando na mente do consumidor. Passamos a achar normal, provável e corriqueiro.

O raciocínio da degradação do valor da ação foi muito simples: se tem a toda hora, já não é mais uma coisa especial. E se já não é tão especial, não me interesso tanto. A mobilização não precisa ser imediata (porque vai ter de novo logo ali) e, obviamente, os resultados desses esforços de comunicação foram minguando. Simples assim.

E a **liquidação foi turbinada** para voltar a ter valor

Então alguém muito esperto resolveu turbinar a liquidação para acabar com a curva descendente de resultados e criou a SUPERLIQUIDAÇÃO. Que, nas suas primeiras edições, funcionou com ótimos resultados. Todas eram liquidações e esta, somente esta, era SUPER. Genial! Assim se diferenciava de todas as outras e criava uma nova categoria. E de novo nosso raciocínio binário de consumidor foi acionado: passamos a ter as liquidações e a SUPERLIQUIDAÇÃO. Qual você escolheria?

E **tudo se equalizou** de novo e novamente **perdeu o valor**

Mas o mercado se equalizou como se equaliza sempre com mudanças incrementais. Um faz, todos fazem e o segmento inteiro se deprecia. Todos fazem, todo mundo se iguala de novo e todos perdem significado. E assim, nessa época, toda a concorrência rapidamente também se tornou SUPER com suas liquidações, e aí, novo ciclo de degradação de valor e mais dificuldade de escolha para o consumidor.

Então veio a HIPERLIQUIDAÇÃO, a ULTRALIQUIDAÇÃO, a MEGALIQUIDAÇÃO, e você já deve imaginar como termina a história. Todas não nos dizem absolutamente nada porque se tornaram iguais. Todas superlativas, todas grandiosas e sem nada para oferecer. E, da mesma forma, não mais nos dizem nada porque não refletem mais o sentido real de uma liquidação: senso de oportunidade com ótimos descontos num período muito curto e que acontece raramente. E porque não sabemos mais julgar qual delas é a maior ou a melhor. Você escolheria qual? Você escolheria como?

Menos eficácia em *branding,* mais necessidade de **criar escalas** para **mascarar a incompetência**

Assim, mais ruído inútil, esgotamento de sentido e menos eficácia na ferramenta promocional. Necessidade de mais volume para vender cada vez com margens menores, consequentemente com resultados muito mais medíocres. E o pior, o varejo criou uma geração inteira de consumidores oportunistas que só compram em promoção, o que transformou o segmento num setor que não vive mais de margem inteira, de preço cheio. Um segmento inteiro refém do promocional.

Você comprova isso nas vitrines das lojas de moda. Nem chegamos à estação dos produtos que estão sendo oferecidos e os varejistas já precisam promover esses produtos com descontos enormes para poder vender. A liquidação está sendo realizada antes da época a que se destinam os produtos criados! Isso faz os varejistas terem de vender um volume cada vez maior para compensar suas perdas.

E assim o ciclo se repete. Como precisa promover para vender, perde em margens e elas ficam cada vez menores, ameaçando a saúde do negócio. Para recuperar as perdas, abrem-se mais lojas para fazer volume e compensar as margens baixas. Com mais lojas, mais necessidade de promoção para vender um volume maior. E, para vender um volume maior, mais promoção e mais corte nas margens. Um ciclo negativo que faz o varejista viver não para a prosperidade, mas para a sobrevivência. Um ciclo de corte de valor.

Tudo virou paisagem. Não nos movemos mais

Assim, as liquidações começaram a virar paisagens na nossa mente e não nos movem mais porque nosso raciocínio é muito simples: se tem toda semana, como no varejo de eletro e móveis, por que vou correr para comprar agora? Faz sentido para você? Se o varejo anuncia uma liquidação antes do evento em si — como no Natal —, você acreditará nessa marca quando ela disser que é somente esta semana?

E assim, com a nossa própria necessidade de diferenciação, vamos criando um novo monstro como o das expressões superlativas que não funcionam mais. Vamos esgotando o sentido das expressões e criando mais ruído inútil na mente — que gera mais confusão, que nos estressa e em nada nos ajuda na hora de fazer escolhas de marcas.

E onde fica a confiança na promessa das marcas?

Se você raciocinar somente pelo lado da perda do sentido nas promessas da comunicação, isso já seria muito ruim para todos: de um lado, marcas que não param de gritar, e de outro, consumidores esgotados pela gritaria sem sentido. Mas pense que existe um lado nisso tudo que pode ser bem pior: o da perda da confiança nas marcas.

Como acreditar numa marca que me promete uma MEGA-UL-TRA-HIPERLIQUIDAÇÃO e quando vou até lá encontro a mesma coisa que todo mundo oferece? Como acreditar numa promessa de propaganda que não é bem aquela ofertada? Como acreditar numa marca que constrói sua reputação com "armações" para emboscar seus clientes?

Pode parecer corriqueiro para você a ideia de as coisas nunca corresponderem ao que são anunciadas. Mas não deveria. Você pode até dizer que isso é normal no marketing e na comunicação, e que tudo sempre foi assim. Você pode até ter começado a pensar que isso se tornou normal. MAS NÃO É. Pelo menos não deveria ser. E, acredito eu, se ainda é permitido em algumas marcas, muito em breve vai mudar radicalmente. Porque somente vão sobreviver as marcas que souberem construir uma relação estreita de confiança e respeito com seus clientes. E isso vai fazer uma diferença enorme num mercado que, acredito, será dividido entre marcas oportunistas de um lado e marcas nas quais temos confiança, de outro.

O patrimônio mais precioso que uma marca pode construir numa sociedade congestionada é o da CONFIANÇA. Confiança é o fator decisivo para o consumidor estressado com o número de opções e de promessas iguais. Se sinalizar confiança, escolhemos. Se arranhar a confiança ou despertar o menor sinal de desconfiança, descartamos. E aí, viramos verdadeiras máquinas de descarte, como define o jornalista Mário Rosa em seu livro intitulado *A reputação*.

E a CONFIANÇA? Ela está no coração de uma reputação valiosa. Se a marca tem boa reputação, é sinal de que transparece confiança. Não há reputação se não houver esse lastro moral de confiança, que é uma espécie de porta de entrada para outro degrau na relação de escolhas entre consumidores e suas marcas, como também entre clientes e seus profissionais.

É a confiança que vai definir o território das escolhas num mundo onde tudo tem demais, tudo tem em excesso e tudo ficou muito semelhante tecnicamente. Meus clientes e todos os que já me assistiram em palestras sabem que sou um pregador neurótico por isso. Tudo vai ficar cada vez mais igual e teremos sérias dificuldades em escolher por esse viés. É a confiança que temos nas marcas de empresas e profissionais que validará o processo de escolha ou de descarte. Sempre repito que CONFIANÇA será o fator definitivo a ser considerado.

Isso vale para as escolhas das marcas do mundo corporativo e para todas as nossas escolhas cotidianas de profissionais no mercado. Você, eu e todos os seus colegas seremos avaliados e julgados com base em apenas duas coisas: a confiança que geramos e a reputação que construímos. O resto, sem esses dois fatores, será apenas o resto. Um resto pobre de valor percebido que se juntará à imensa massa a ser vendida pelo menor preço no mercado numa competição, digamos, cada vez mais disputada por perdedores.

Pense muito nisso porque vamos discutir bastante o impacto que esses fatores terão na sua empresa, nos seus produtos e na sua vida profissional, além das formas de gerar valor para marcas numa sociedade de excedentes como a nossa.

capítulo 06

" Todas elas estão fazendo a mesma coisa. A consequência é que a competitividade não pode se basear apenas na localização e na inovação tecnológica ou na forma de organização. Quaisquer vantagens que estes aspectos possam prover provavelmente durarão muito pouco. Em vez disso, a verdadeira competitividade deve ser construída em torno de algo que todos nós sabemos que existe, mas que raramente é discutido nas reuniões de negócios. As empresas devem basear seus monopólios temporários nas emoções e na imaginação. É a vez da competitividade emocional."

Kjell A. Nordström

O EFEITO DIVERGÊNCIA NO MERCADO
E O DILEMA ENTRE O EXCESSO E A ESCASSEZ

Ou de onde veio essa avalanche?
Ou, ainda, por que em meio à complexidade,
valorizamos tanto a escassez e a simplicidade?

Um dos mais **críticos fatores deste cenário**

Existe um fator que está por trás de boa parte do que abordamos até agora. Uma palavrinha com grande poder sobre a competição de mercado, sobre o valor das marcas, com impacto muito forte na nossa vida cotidiana e da qual você não ouve falar muito por aí: DIVERGÊNCIA. Já ouviu falar nesse fator associado ao marketing ou às consequências no mercado? Não? Se você respondeu não, eu aconselho a prestar muita atenção nisso, pois esse fator continuará a influenciar nossa vida e a tendência é que produza mais estragos ainda neste século. Mas vamos a ele.

Divergência é tão importante para poder compreender o mercado atual que o americano Al Ries tem um livro inteiro dedicado a esse tema, intitulado *A origem das marcas*. O livro todo analisa a divergência por diferentes ângulos, mas logo nas primeiras páginas ele dedica a obra à divergência, "a força menos compreendida e a mais poderosa força do universo". Grandioso, não? Descontado o tom messiânico do Al Ries — comum nos gurus do marketing —, garanto que se não é a maior força do mundo, ela não é nada desprezível e afeta a minha vida e a sua de forma dramática.

Para quem quiser saber mais sobre isso, indico o livro. Nele, ao explicar o fator divergência para o marketing e para o branding, o autor faz a mesma associação que Darwin fez na Teoria da Origem das Espécies, como uma grande "árvore da vida". E é também assim que tento mostrar a você o impacto desta força em nossa vida.

O que você **nunca imaginou** que **queria**

A gente ouve falar muito em convergência e muito pouco ou quase nada em divergência. E embora a convergência seja outro fator muito importante, a divergência teve um papel crucial na construção da sociedade do excesso e nas consequências que estamos sentindo agora, e, certamente, continuará a nos afetar por muito tempo. Afetará o mercado e o modo como as marcas competem e, portanto, também a forma de entender nossas opções. E, fatalmente, a divergência continuará a transformar e a dar muito mais valor ao papel das marcas.

O fator divergência é o que faz com que não tenhamos poucas, mas muitas opções em tudo o que imaginarmos para comprar. Por isso esse fator está na raiz do nosso cansaço frente ao extasiante e sempre crescente: "Todas as opções que você imaginar e todas as outras que nunca imaginou que precisaria ou que queria!"

Do que **realmente precisamos**?

Em 1980, eu trabalhava como assessor de vendas da diretoria em um grande varejista da época e comprei meu primeiro livro de marketing do Philip Kotler. Eu era bem jovem, não tinha muitos conceitos e quase nada de teoria sobre marketing na cabeça. (Na verdade, quase nada de nada na cabeça.) Mas naquela edição, que ainda tenho na biblioteca, havia um pequeno e contundente conceito sobre satisfação das necessidades através do marketing que guardo na memória até hoje.

Kotler dizia que o ser humano, para se manter vivo, precisava apenas de uma certa quantidade de alimento e água, e de mais ou menos dois metros para repousar num lugar com pouca luz. Tudo o mais que temos hoje fomos nós que inventamos como necessidade. Então, a satisfação de necessidades do consumidor através do marketing podia ser algo relativo.

Centrífuga de **folhas de alface**

E aí, acabamos com um monte de tralhas e bugigangas de que nunca precisamos e que nunca pedimos para ninguém criar para nós, mas que acabamos comprando e que estão abarrotando nossas despensas, salas e armários. Afinal, quem um dia precisou de uma centrífuga para secar folhas de alface na hora de fazer uma salada? Eu não. Você sim? Eu tinha uma amiga no trabalho, a Alexandra, que dizia que era uma invenção sensacional. E cada vez que ela dizia isso, eu pensava: como a humanidade sobreviveu até hoje sem uma secadora centrífuga de folhas de alface?

Bom. Eu não sei você, mas eu sobrevivi até hoje sem um secador de folhas de alface e, se você pensar bem, todos sobreviveríamos sem boa parte dessa infinidade de coisas que entopem a nossa casa. Se olhar ao redor, verá o monte de inutilidades que possui e que continua a comprar. E olhe que não vai conseguir encontrar uma razão para tê-las adquirido, se não pelo simples fato de alguém, em algum momento, ter oferecido isso a você.

Se você tiver filhos menores de 10 anos, e se estiver lendo este livro em casa, pare por um momento. Isso mesmo. Pare a leitura, vá até o quarto deles e tenha a exata noção do que estou falando. Na minha infância, o máximo que uma criança tinha dava para colocar naquilo que chamávamos de baú dos brinquedos. Uma caixa de madeira grande. Agora olhe para o quarto do seu filho...

A verdade é que estamos sempre abarrotados de coisas de que não precisamos.

Necessidades que **não imaginamos**

Talvez tenhamos chegado a um padrão de conforto muito especial que podemos dizer que seria inimaginável há poucos anos. E se você pensar bem, o que temos hoje é inimaginável. Por quê? Porque, na verdade, imaginamos poucas coisas como as que consideramos indispensáveis atualmente. Sonhávamos com outras coisas e temos hoje itens com que nunca sonhamos e que parecem ter se tornado imprescindíveis na nossa vida. Ou você algum dia sonhou que dependeria de um aparelho eletrônico como o iPad? Ou imaginou que um pedacinho de papel com cola na ponta, como o Post-it, seria indispensável no seu escritório? Ou desejou um telefone que fosse *smartphone*? Ou sonhou que teríamos as operadoras de celular que temos? Bom. Não vamos discutir isso.

Um futuro baseado no **presentismo**

Como acontece com todos nós, quando imaginamos um futuro distante, não conseguimos nos desprender do passado e o vemos sempre com cara de presente. É por isso que quando você se imagina na velhice, nunca se vê doente, barrigudo, careca ou coisa que o valha. Sempre se imagina no futuro com a aparência que tem hoje.

Então, no passado, quando imaginamos este futuro do novo século, o glorioso futuro do século XXI, nunca o imaginamos como ele é hoje. Lembra? A gente imaginava o futuro como no desenho animado dos Jetsons. Pequenos robôs ultrarrápidos faziam o trabalho doméstico, lasanhas eram assadas em segundos e os carros voavam por estradas lotadas no espaço. Os personagens, apesar de estarem num futuro "robotizado", tinham os mesmos hábitos e levavam a mesma rotina dos anos 1970. O que eu quero dizer é que naquele passado não imaginávamos o iPod, o iPad ou a televisão 3D como são hoje. Na verdade, nunca sonhamos com a maioria das coisas como elas são.

Eu **sequer sonhei** com isso

O que aconteceu é que acabamos em outro futuro não sonhado. Em um futuro que não era o planejado e no qual muitas das certezas que tínhamos em relação aos itens indispensáveis se transformaram em outros completamente diferentes do que imaginávamos. Assim, fomos acumulando outras coisas e sendo surpreendidos por novidades que acabaram (nas nossas mentes consumistas) se tornando indispensáveis. Os pen-drives ganharam mais capacidade, os closets das mulheres cresceram e chegamos onde estamos.

58 botões que a gente não sabe muito bem **para que servem**

Para você ter uma ideia, o controle remoto (que você vai dizer que é item de primeira necessidade — e de poder, se estiver numa família grande) foi inventado e apresentado ao mercado em 1958 pela marca de televisões RCA, nos Estados Unidos.

Pois bem. Ele tinha um único botão de ligar e desligar a tevê. Hoje, o meu em casa tem 58. E, você sabe. Quando nos damos bem, conseguimos utilizar meia dúzia deles. No máximo. E se você não tiver um filho de 10 anos para ajudá-lo numa emergência, jamais ouse apertar qualquer outro que não o de troca de canais e o de volume. Você corre o risco de nunca mais conseguir assistir à tevê. Agora reflita sobre os vários controles remotos que você talvez tenha na sala: para a tevê, para a tevê a cabo, para o aparelho de ar condicionado, para o aparelho de som do home theater, para o da automação das luzes e cortinas etc. Olhe para tudo isso na mesinha de centro e você vai entender o que estou querendo lhe mostrar. Complexidade.

Uma **grande árvore** como a **Árvore da Vida**

Imagine o mercado de consumo como uma grande floresta cheia de árvores, cada segmento sendo uma árvore. Como a "árvore da vida" de Darwin. Algumas dessas árvores são frondosas, com profundas raízes e muitos galhos numa copa gigante. Outras são menores, com poucos galhos. Eu explico melhor.

Se você pensar em alguns segmentos de mercado, como os de tecnologia, e na tarefa de fazer cálculos, precisa retroceder e lembrar-se de como isso era feito no passado e como foi se transformando até chegar a como é feito hoje. Por favor, não se assuste. Não mudamos o jeito de fazer isso, mas os instrumentos e aparatos foram se alterando e se mesclando até chegar às inúmeras modalidades que temos hoje de instrumentos para fazer cálculos.

No princípio era somente o ábaco

Eu sigo com a lógica das árvores para o conceito e a força do fator divergência ficarem mais claros para você. O.k.? No princípio, quando não existia nenhum instrumento ou equipamento, você podia fazer alguns cálculos mentalmente ou contando os dedos. Correto? (Alguns adultos continuam assim, mas isso não vem ao caso.) Dessa forma, como instrumento, você só tinha os dedos para auxiliá-lo nos cálculos.

Agora imagine que os orientais inventaram o ábaco — que eu creio que seja um dos primeiros equipamentos para fazer cálculos. Se não for o primeiro, por favor, não se aborreça comigo. Este livro é sobre branding e não sobre história antiga. Não precisamos ter tanta precisão assim. Imagine apenas que o ábaco seria um ancestral das calculadoras modernas e que isso corresponderia ao início do caule da árvore, crescendo verticalmente.

Surgem a divergência e **os primeiros galhos da árvore**

Depois, pulando alguns séculos, certamente essa árvore, que só tinha um pequeno caule, ganhou novos equipamentos para a mesma função e divergiu. Surgiram as calculadoras mecânicas para fazer operações matemáticas. E se você continuar comigo nesse raciocínio, esse segmento de mercado (o de fazer cálculos) continuou crescendo verticalmente, pois ainda é a evolução do ábaco. Depois, já no século passado, surgem os primeiros sinais de divergência e novos galhos na árvore com as calculadoras eletrônicas. Este galho da árvore se transformou em uma forma de V. Um pequeno galho ficou com as calculadoras: as pequenas, portáteis, de quatro operações, que se mantêm até hoje sobre a nossa mesa. E o outro divergiu. Cresceu um pouco mais e passou a se chamar "mercado de calculadoras eletrônicas". As nossas boas calculadoras HP que temos até hoje e que ainda são indispensáveis.

Mesmo o que **convergiu** depois **divergiu**

Mas nessa junção entre os galhos das calculadoras básicas e das eletrônicas, surgiu um novo broto — uma divergência —, que passou a ser o computador. Inicialmente uma máquina que fazia cálculos. No início desse broto, dois galhos floresceram mais ou menos juntos: o de computadores pessoais, que seriam a base dos nossos *desktops*, e os grandes computadores para empresas, os *mainframes*.

A partir daí, surgem muitos novos galhos nessa árvore do segmento de tecnologia. Novos segmentos que passaram a nos oferecer novos produtos com outras utilidades. Ou seja, galhos da mesma árvore, em diferentes direções, que não mais só resolviam a necessidade de ser uma máquina de cálculos — que deu origem à árvore. Assim surgiram novas utilidades e conveniências, e inúmeras outras possibilidades além dos cálculos. Com isso floresceram dezenas de novos segmentos de mercado, todos originários dessa mesma grande árvore.

De um segmento, originou-se **uma dezena de alternativas** que se tornaram **um novo mercado**

Bom. Você pode imaginar o resto da copa da árvore com muitos galhos, todos derivados do mesmo caule e da mesma raiz. Vieram as impressoras como equipamento complementar aos computadores. E o que era apenas um pequeno galho tornou-se um novo segmento no mesmo mercado. Iniciamos com uma possibilidade, as impressoras matriciais, e fomos evoluindo para novos galhos e novas possibilidades. Hoje temos pelo menos uma dezena de alternativas de tecnologias, modelos, tamanhos e opções para imprimir.

Um **equipamento móvel** para **escrever notas**

Se você olhar a árvore por outro ângulo, verá que ela se mesclou com outros equipamentos, como a máquina de escrever, ganhando novo estágio de valor. Então, desse galho mesclado, surgiram os *palmtops*, que seriam os antepassados e os precursores dos *smartphones* de hoje. Você conheceu? Eram maquininhas muito interessantes. Você comprava um que vinha com uma "canetinha" especial para escrever no vidro. Ele passava a reconhecer sua letra e a arquivar textos. Nesse aparelho você fazia uma série de coisas, mas ainda não se comunicava por meio dele.

Um **equipamento móvel** para se **comunicar**

Bem antes dos *palmtops*, surgiu o Bip. O Bip era a tentativa de um equipamento de comunicação móvel que funcionou por um tempo. Lembra-se do Bip? Não? Se você tem 25/30 anos, não tem a mínima ideia do que é, mas posso lhe garantir que, se existiu uma coisa que era fonte de vaidade tecnológica, eram os Bips.

Se você tinha um, tornava-se, imediatamente, um cara importante. Certamente você era um advogado famoso que precisava ser encontrado às pressas ou um médico muito importante que não podia ficar incomunicável. Isso daria um capítulo à parte neste livro, que eu não tenho como fazer, mas dou aqui um breve resumo.

Quem tinha um Bip era realmente um sujeito importante. E, durante um tempo (acho que pelo início dos anos 1980), a gente até conjugou o verbo "bipar" alguém. No meio da reunião, você dizia: "Pode deixar que eu bipo ele imediatamente" e todos o viam como um cara moderno. Hoje você pode não acreditar, mas já fomos dependentes de um aparelhinho que mandava sinais de recado. Quase sinais de fumaça como os índios, só que com "alta tecnologia".

Corra! Sua mulher lhe bipou!

Funcionava assim: se a gente precisasse falar com alguém que tinha Bip, bastava ligar de um telefone fixo para uma central e dar o número do Bip que eles anotavam o recado. Em seguida, a central bipava a pessoa para quem a gente tinha deixado o recado. Quando o aparelho, geralmente preso à cintura, emitia sons de bip, bip, bip, o sujeito sabia que alguém o estava procurando e que tinha recado para ele. Então, bastava ligar de um telefone fixo para a central, que eles repassavam o recado. Genial, não? O detalhe é que nos primórdios do Bip não era um recado gravado com a voz de quem ligou para você, mas uma telefonista que lhe repassava o recado. Sistema personalizado! Uma experiência incrível. Sua mulher ligava para a central e dizia que você estava atrasado para o jantar do aniversário de casamento e a telefonista traduzia até o tom de voz para você. Dá para imaginar o que essa tecnologia representava nas nossas vidas?

Muito mais **divergência** do que **convergência** nesse mercado

Mas voltemos aos galhos da nossa árvore da divergência de segmentos de mercado. Em nossa árvore — que a essa altura já é frondosa e tem muitos galhos —, você já encontra: as calculadoras portáteis, que ficaram por ali num galho atrofiado; as calculadoras eletrônicas, que também cresceram até certo ponto e pararam; as impressoras, que viraram uma categoria com vários outros galhos: jato de cera, jato de tinta, a laser etc.; os *palmtops*, um galho que evoluiu até certo ponto e parou, para depois se juntar ao galho do telefone móvel e dar origem ao *smartphone*; e os galhos centrais, que são os computadores.

Assim, surgiram os computadores domésticos, os *desktops*, num galho que cresceu exponencialmente como nunca até hoje, e que só agora dá sinais de começar a parar, porque o galho dos *notebooks* cresce espantosamente desde então, assumindo a sua função. Deste último surgiram novas divergências, como os *netbooks* e o *ultrabook* — em que uns podem crescer até se tornar um novo mercado e outros podem minguar pelo caminho ou se transformar em outra coisa. Paralelamente a isso surgiram os telefones celulares, incorporando múltiplas funções — que eram das calculadoras, dos relógios, dos rádios, dos telefones fixos, dos aparelhos de som, dos videogames etc. E os *smartphones*, que juntaram tudo isso com a possibilidade de escrever. E os *tablets*, um galho de crescimento muito rápido que juntou quase todas as funções extras dos celulares, menos a telefonia.

A força da divergência

Toda esta longa descrição da ideia de uma "árvore darwiniana" é para mostrar o efeito da divergência na minha vida e na sua. Se você parar para pensar, verá que praticamente a avalanche de produtos que temos hoje veio pela força desse único fator.

Da divergência vieram as múltiplas soluções que empregamos cotidianamente no trabalho e na vida pessoal e das quais praticamente ficamos dependentes. Como é também da divergência o mérito de nos proporcionar tudo o que temos hoje, uma boa parte das soluções com que sonhamos e todas aquelas coisas de que jamais imaginamos precisar na vida. Da mesma forma, a divergência tornou-se um movimento estratégico de salvamento para muitas marcas no mercado. Fonte de novos e maravilhosos mercados para as marcas e, consequentemente, de novos ciclos de prosperidade para muitas delas. Então, nesse sentido, concordo plenamente com Al Ries quando ele diz que a divergência é a força da qual menos falamos, mas é a força mais poderosa que movimenta o universo.

A força da divergência **para o bem e para o mal**

Mas o que Al Ries não analisa é a força da divergência como fonte de criação de mais ruído e de mais estresse para um consumidor já saturado pelas possibilidades que tem de mais e pelo tempo que tem de menos. E se olharmos as coisas por essa perspectiva, teremos a força da divergência realmente com um papel crítico, definitivo e antagônico na qualidade de vida que temos hoje. Por um lado, ela criou a possibilidade das múltiplas escolhas. Por outro, nos transformou em seres estressados justamente pela quantidade de escolhas que temos a fazer.

Escolher entre **coisas iguais**

Nesse sentido, você ficaria tonto se parasse para analisar a fundo todas as possibilidades de compra que temos em diferentes segmentos de mercado, fruto da força da divergência. Imagine qualquer segmento. Qualquer um deles, de biscoitos a molho de tomate, de tecnologia a laticínios, de carros a vinhos, e você verá uma quantidade enorme de possibilidades que nos paralisa na hora de tomar decisões de compra. Por que essa sensação?

Porque, dentro do mesmo segmento, a imensa maioria dessas opções se apresenta com pequenas diferenças, muito pequenas — às vezes imperceptíveis —, que nos confundem e por isso nos estressam na hora da escolha. A sensação é de que há opções demais em tudo, e de que tudo ficou muito parecido somente para dificultar nossas escolhas.

Duvida? Pegue os planos de várias operadoras de telefonia celular e tente descobrir qual o mais vantajoso. Experimente fazer isso e você provavelmente passará horas comparando — e terá uma grande dor de cabeça, porque não conseguirá chegar a uma conclusão. Porque os planos e as vantagens, bem como os asteriscos com as restrições contratuais, são mais ou menos os mesmos em todas elas. E isso só confunde a gente. Por outro lado, as coberturas são bastante semelhantes e a qualidade do serviço pouco difere. Todas são muito parecidas no que oferecem de bom, como são invariavelmente muito parecidas em tudo o que têm de ruim.

Todas elas acabam nos oferecendo múltiplas possibilidades de planos, que se tornam mais ou menos a mesma coisa, se comparadas com outras marcas. Então você se sente num emaranhado de possibilidades. E entramos num paradoxo incômodo: quanto mais possibilidades o mercado nos oferece, mais difícil fica a escolha.

Divergência e **equalização**

O que acontece é que em alguns segmentos ultracompetitivos se instala um ciclo devastador para as marcas: a equalização da tecnologia, das peculiaridades e dos benefícios faz as marcas perderem seus diferenciais e passarem a competir por vantagens tão mínimas que não fazem mais sentido para o consumidor.

O grau de igualdade torna-se tão alto e a competição tão extrema, que nem pelo preço é possível diferenciá-las. E aí, você sabe. Quando o consumidor não percebe mais diferença entre as marcas, ele escolhe qualquer uma.

Você só enxerga **a categoria**

Nesses casos, como consumidor, você enxerga apenas o segmento e não diferencia mais nada. Você não consegue estabelecer seu próprio ranking de estima da marca. Você não enxerga mais a sua marca preferida e as outras possibilidades. Só enxerga a categoria e todas elas passam a ser apenas possibilidades. A criação de novos benefícios técnicos vira mero incrementalismo, necessário para que as marcas continuem no jogo. Movimentos que são invariavelmente acompanhados por todos os competidores de mercado, fazendo-os se igualarem de novo em benefícios funcionais e em preço. E o ciclo se repete.

A cada tentativa de diferenciação com uma nova vantagem, o padrão de uma marca sobe e as outras são obrigadas a igualá-lo para continuarem sendo competitivas. Então todas voltam a ser iguais. O ciclo de oferecer mais para ganhar margem é sabotado pela equalização, que força mais uma vez o preço para baixo pela falta de diferenciação. E cria-se um ciclo contínuo de pequenas melhorias incrementais que não estabelecem nenhuma diferença para as marcas, tornando o setor cada vez mais comoditizado.

Você consegue escolher?

Entre num supermercado qualquer e reserve um tempo para observar criticamente alguns segmentos de produtos que você sempre compra. Alguns deles ficaram tão segmentados que se tornaram fonte de angústia em vez de alívio na hora da compra. São segmentos que contam com tantas opções que o valor das "múltiplas possibilidades" com que você tanto sonhou o faz querer voltar a ter "poucas escolhas" para poder realmente exercê-las. Estranho isso, não? Eu sei. Pode parecer muito contraditório, mas é o mais puro efeito da divergência criando estresse e tornando nossa vida mais complexa pelas facilidades que nos são oferecidas.

São segmentos que explodiram em possibilidades pela alta competição ou categorias em que as marcas precisam ser segmentadas para sobreviver. E quando todas fazem a mesma coisa, oferecendo múltiplas opções, a categoria toda fica enorme com mínimas diferenças e nada mais diferencia as marcas. Quer mais um exemplo?

> Probióticos? Funcionais? Light? Sem lactose? Zero de gordura? Zero de açúcar? Livre de colesterol? Com fibras? Diga rápido, o que você quer?

Pense nos laticínios. Pense em escolher iogurtes no supermercado e você entenderá do que estou falando. São tantas as possibilidades que confesso a você que não sei mais dizer a marca nem o tipo que tenho comprado para mim e para a minha família. E, incrível, perco horas na frente da gôndola do supermercado tentando saber que benefício oferecido é o melhor para mim. Parece engraçado. Os benefícios são tantos, tão bons, que eu acredito que preciso de todos, mas não existe um com todos eles. Então você pega produto por produto e compara as vantagens. Seria melhor baixo colesterol ou com zero de gordura? Mas e o açúcar? E as fibras que sua nutricionista recomendou? Probiótico? Somem-se a isso as escolhas de sabor: morango? Ameixa? Mamão? Manga com laranja? No final, você diz, não sei! Vai esse aqui que eu curto a marca e o sabor é legal!

O sabonete **da paz**

Sou um bom cliente da marca Dove. Sempre comprei o sabonete branco porque me identificava muito com ele. Gostava do benefício da porção de creme, curtia a ideia da pomba branca da paz e a história da marca. O que me chamava a atenção? A marca Dove era diferente. Todos os sabonetes tinham um colorido berrante e cheiro forte, e ele era branco, leve, com cheiro suave — o contrário de todos os outros concorrentes no mercado. Simples assim.

Como também gostava da simplicidade do propósito do qual nasceu o produto e da marca com uma pomba branca impressa no sabonete — símbolo da paz em homenagem aos soldados aliados que voltavam para casa depois de terminada a Segunda Guerra Mundial. Então, para mim, era coerente como marca (PAZ = POMBA = BRANCO = LEVE) e eficaz como promessa, oferecendo um significado maior que um sabonete — um compromisso de adesão à paz. Ou, no mínimo, uma simpatia pela causa que a coloca fora da grande zona de igualdade das outras. Pronto. Caiu no meu gosto e colou nos meus hábitos. E, assim, tem frequentado meu carrinho de supermercado por mais de uma década.

Extensão da **família da marca**

Aos poucos, como imagino que tenha acontecido com milhões de outros consumidores no mundo, fui experimentando outros produtos da extensão de linha bem-sucedida que a Dove promoveu. Adotei o xampu, o condicionador, o desodorante. E se não me tornei um defensor ainda, passei a ser um consumidor fiel de vários produtos da marca.

Mas hoje confesso que a marca tem me deixado meio perdido na frente da gôndola. Comprar um xampu tornou-se uma tarefa complexa. Pegar um xampu Dove um tempo atrás era a tarefa mais fácil que existia. O meu carrinho do supermercado não parava. Não era preciso. Era o branco com as letras do rótulo azul e se destacava naquele monte de frascos coloridos. Eu esticava a mão e pegava o meu xampu Dove. Agora essa compra passou a ficar complexa. Por quê? Porque a marca passou a me oferecer tantas alternativas que não sei mais o que comprar. Agora as opções formam quase uma dezena de possibilidades numa enorme família cheia de primos estranhos. E foi diminuindo o efeito que eu chamo de **efeito de propósito.** Foi diminuindo aquela coerência natural das associações da marca: paz = pomba = branco = leve = simples = fácil.

Para nos dar mais opções e "facilitar" a nossa vida, acabaram nos dando mais complexidade na hora da escolha. Tem o xampu para "tratamento intensivo", tem o para uma "reconstrução completa", tem o que vem com "proteção térmica", tem o que é "para uso diário", tem o "especial para cabelos cacheados"... E eu só queria o meu xampu Dove normal com o frasco branco e as letras azuis como sempre foi, aquele que não importava se meu cabelo era um pouco liso, um pouco cacheado e um pouco seco. Aquele que era simples de escolher e de levar para casa.

E o que era **muito simples** se tornou **confuso e complexo**

Não sei você, mas eu não consigo encontrar razão em comprar um xampu que no rótulo diz: "reconstrução completa". O que é isso? Quando eu sei que preciso disso? É só para algumas ocasiões ou é para sempre? Como fico sabendo se o meu cabelo precisa ser reconstruído neste momento? Preciso ir ao médico para saber ou pergunto ao meu cabeleireiro? Se não, como posso saber?

Confesso que simplesmente não sei e nunca ninguém me disse que os cabelos se desconstroem para sempre, por um período ou coisa que o valha. E ainda: será que existe uma opção de reconstrução incompleta? Uma reconstrução parcial? Será que o meu caso é de reconstrução total? Tipo perda total do seguro e eu não sei? Ou não é tão grave e eu poderia escolher um xampu de reconstrução incompleta?

E aí você para na frente da gôndola, olha para aquele monte de opções e passa a fazer a si mesmo uma série de perguntas a cada frasco que pega na mão. Na minha ignorância do mundo dos xampus, cabelos cacheados e lisos eu ainda consigo compreender. Mas restam muitas dúvidas, porque todos têm algum benefício que parece importante e que poderia ser útil para mim, mas nenhum oferece tudo junto.

Os benefícios seguem lógicas distintas que criam mais confusão. E o consumidor que não é especialista em cabelos (pelo menos eu não sou) se faz um monte de perguntas para poder comprar um simples xampu: pode ter cabelo cacheado que precise de proteção térmica? Se sim, como faço? Qual deles eu levo? Os dois?

E se os meus cabelos forem cacheados e também precisarem de reconstrução completa? Compro o frasco dos cacheados e o da reconstrução e coloco um pouco de cada um na cabeça? E se eu acreditar que tenho de reconstruir meus cabelos, posso usar diariamente ou não? Se sim, por quanto tempo? Se não, como combino o de reconstrução com o de uso diário?

Então você fica lá pensando — o que é predominante em mim: a necessidade de reconstrução, o tipo de cabelo (cacheado ou liso), a necessidade de utilizar todos os dias ou o que necessita de proteção térmica? E você fica nisso até pegar qualquer um da gôndola e sair meio indignado com quem segmentou os xampus dessa forma. Você entende o que quero dizer? Não?

Cabelos **anormais**

Então me diga o que é "proteção térmica" para os cabelos? Você sabe o que é isso? É só para quem faz chapinha? Ou é para aqueles caras que vivem sempre de boné? Ou é para quem pega muito sol na cabeça? E o xampu para "cabelos normais"? Será que o meu cabelo é normal ou é anormal? O que seria um cabelo anormal, por favor?

Até um tempo atrás esse setor era muito tranquilo e fácil de escolher. Eu conseguia entender a lógica dos xampus porque era binária — acho que nossos cérebros também. Mas era tudo muito simples e sem confusão! Só existiam duas opções e eram divididas entre tipos de cabelo, que na época se dava da seguinte forma: o seu cabelo era seco, oleoso ou normal! Era fácil. Cabelo arrepiado, difícil de pentear e "domar", era seco. Brilhante demais, meio molhado, meio pastoso e grudento, era oleoso. Nenhum dos dois, você era um vencedor: seu cabelo era normal!

E agora, se você reparar, não existe mais essa nomenclatura. Ninguém fala mais nisso. Mudou a lógica do setor. E a dúvida que me surge é: será que acabaram com os cabelos secos e oleosos? Isso seria uma evolução da humanidade?

As **muitas facilidades** que **criam** mais **complexidade**

É brincadeira. Mas, por favor, não ria de mim. A maioria dos homens não é tão boa nessas escolhas. Mas garanto a você que devem existir milhares de outros homens como eu por aí, que fazem compras toda semana no supermercado para suas famílias e que ficam completamente perdidos tentando somente comprar um xampu normal para lavar o cabelo.

E o que as marcas fazem com a gente? Para nos agradar (ou para divergir e criar novos mercados dentro do segmento), fornecem tantas opções que o que era uma operação fácil, simples e prazerosa torna-se mais um ponto de dor na vida do consumidor. E tudo o que a gente não precisa nessa sociedade repleta de ruídos é de mais uma dúvida técnica (que não sabemos resolver) para nos afastar das marcas de que já gostamos e com as quais criamos vínculos — que muitas vezes não sabemos explicar.

Precisamos crescer. Mesmo que de **forma artificial**

O que acontece com muitas marcas em boa parte dessas segmentações de benefícios mínimos (cuja maioria não faz sentido) é que elas criam uma falsa sensação de crescimento no mercado com novos produtos sendo lançados rotineiramente. A cada novo produto, novo budget, um novo fato para ganhar algum espaço na gôndola do varejo e a sensação de estar conquistando mais consumidores e mais mercado.

Com isso infla-se artificialmente a curva de participação de mercado e ganha-se bônus por resultados quando a métrica é de curto prazo (e parece que sempre é para o CEO que precisa agradar ao conselho de acionistas — ou a maldição do EVA). Na verdade, o que se faz é pegar o bolo e cortá-lo em fatias cada vez menores com microssegmentos. Dessa forma, permite-se que esses microssegmentos disputem espaço entre si na mesma fatia da marca. E, assim, cria-se a sensação de que existe crescimento "potencial" por meio de novos hábitos/características do mesmo consumidor — quando, na realidade, o bolo — na maioria das vezes, e salvo em raras e brilhantes exceções — não aumenta quase nada. É um efeito de falso crescimento.

O que acontece é que os microssegmentos acabam se canibalizando internamente na fatia da marca. E como muitas vezes o que o presidente e a diretoria mais querem é mostrar movimento (e justificar seus cargos executivos), estimula-se a coisa toda.

Dá-se a toda a empresa e aos acionistas a sensação de movimento da companhia no mercado, de não estagnação, de lançamentos, de novas apostas, quando na verdade estamos crescendo esquizofrenicamente sobre um pântano cheio de produtos com desempenho sofrível e micro-marcas problema para administrar.

Assim pensamos, muitas vezes, estar oferecendo mais valor aos nossos consumidores com novos produtos e "novidades", quando o que estamos oferecendo é mais complexidade com essas "microssegmentações-às-vezes-sem-sentido". E isso se torna uma espécie de "esquartejamento do valor" de nossas marcas prediletas. Um tipo de efeito fragmentador do sentimento que nutríamos pela marca.

Um convite a **uma escapada** que pode virar **uma nova relação**

É como se o consumidor inconscientemente dissesse: "Vejo agora muitas coisas da minha marca, mas nunca consigo vê-la completa como aquela que conhecia. Vejo muitos pedacinhos dela, mas já não a reconheço como antes. Já não sei mais o que ela significa e, por isso, não sei se continuo tendo um compromisso com ela. Já não sei mais se o que nos unia ainda existe: o compromisso com um jeito nosso que compartilhávamos. Uma causa e um significado que nos faziam ficar juntos e defender as mesmas coisas. Assim, sinto-me livre para olhar outras marcas, respirar novos ares e ouvir outras propostas".

A microssegmentação é uma estratégia de crescimento através da extensão da marca que, quando mal planejada, acaba não acrescentando valor, mas diluindo, fragmentando o significado. E, muitas vezes, dá motivos para o distanciamento e para "uma primeira pulada de cerca do consumidor". A expansão por meio da extensão da marca mal planejada pode acrescentar, além de novas possibilidades, também mais complexidade à relação. E isso pode fornecer motivos para que o consumidor olhe para os lados e, quem sabe, conheça outra marca menos complicada, mais bem resolvida na sua proposta de valor e, por isso, mais atraente a uma nova relação.

O desgaste do **"ter opções demais"**

A divergência tem um poder enorme de alavanca para o crescimento do mercado através da oferta de novas possibilidades de escolha, e essas mesmas possibilidades é que geram mais complexidade e caos nas nossas escolhas.

Ficamos perplexos com o número de opções e com o desgaste de ter de exercer todas as nossas possibilidades de escolhas. Você vê isso nos xampus, com dezenas de marcas e mais dezenas de opções de benefícios entre as marcas. Você vê isso claramente na imensa gama de possibilidades nos iogurtes, nas sobremesas lácteas, nos sucos prontos, nos refrigerantes, nos biscoitos, no arroz, nas massas, nos atomatados, nas tintas de parede, no segmento automotivo e em dezenas de segmentos de mercado.

O estresse da oferta de características

Você sente o poder da divergência na hora de escolher um novo computador e as inúmeras possibilidades à sua frente. Você fica tonto com as opções disponíveis entre os aparelhos de tevê quando começa a pensar primeiro na tecnologia: plasma, LED ou O-LED? Depois o tamanho: quantas polegadas? Depois os recursos técnicos: com 3D, com computador? Com controle de voz? Com sensor de presença e controle por gestos?

E na escolha de celulares, *smartphones* e *tablets*? Você passaria dias escolhendo se fosse analisar racionalmente cada marca e, dentro de cada marca, todas as possibilidades. Você olha todas, pensa, pensa, repensa e muitas vezes não consegue tomar uma decisão racional. Você trava. As inúmeras opções só o fazem se confundir mais. E aí, você decide no primeiro ímpeto. Leva para casa aquilo de que você "gostou mais" e pronto. É a marca que você conhece e é o seu único dia. Está decidido. E é disso que vamos falar muito na terceira parte deste livro: a força da marca em meio ao caos das nossas escolhas.

A divergência e **a ultrassegmentação**

Constate ainda a força do fator divergência em todas as outras indústrias e em todas as outras possibilidades de escolha que você tem hoje. Veja os diversos tipos de leite que estão disponíveis para uma compra rápida no supermercado ou em qualquer loja de conveniência. Você tem de decidir se quer um com mais cálcio ou um sem cálcio, com adição de ferro, de zinco, sem lactose, à base de soja, desnatado, semidesnatado, integral, light, com sabor de morango ou chocolate, com menos gordura, com redução de colesterol... Constate essa força também na ultrassegmentação de possibilidades nas margarinas. Você vai encontrar possibilidades que nunca imaginou e que nem sequer sabia que existiam. Não acredita? Confira no supermercado na sua próxima compra.

O molho de tomate com a combinação que você nunca imaginou

Veja também o caso das massas. Verifique as dezenas de possibilidades hoje nos atomatados, com preços que variam de menos de R$ 2 até R$ 18 por um vidro de 500 ml de molho de tomate, com a variação que você imagina e outras que nunca imaginou. Veja no que se transformou a gôndola dos vinhos em qualquer supermercado médio. Constate a enorme variedade de opções baseadas na origem e no número incrível de possibilidades entre as diversas variedades de uvas.

Está com sede?

Pense nas possibilidades de hidratação e veja o que você tem pela frente. Das dezenas de marcas de água mineral às dezenas de opções de refrigerantes, passando por híbridos que não são nem água nem refrigerante, pelos diversos tipos de chás engarrafados, pelos sucos (que viraram uma categoria à parte, de tanto que cresceram), pelos energéticos e por aí vai. Veja a enorme explosão de variedades de cervejas. Você tem as brancas, as pretas e muitas outras variações. Tem dezenas e dezenas de possibilidades de artesanais. As tradicionais de cevada e as de trigo. Tem cervejas com sabores especiais, como chocolate, e derivadas da erva-mate (vide as séries especiais dos meus amigos da Cerveja Dado-Bier). Você ainda tem as cervejas light, as clássicas, as que produzem mais espuma quando se abre a lata, as leves, as que não estufam... E tem a segmentação pela embalagem, como em lata ou em garrafa *long neck*, em latas ultrapequenas para não dar tempo de esquentar na sua mão ou ao contrário: em latões enormes para beber muito. Em embalagens de 700 ml ou em grandes garrafas de 1 ou 2 litros para tomar com os amigos. Ou ainda em pequenos, médios e grandes barris para você, que conhece muita gente...

Temos tudo com que nunca sonhamos

Também veja o que aconteceu com o segmento de higiene pessoal, com a indústria automobilística e seus milhares de possibilidades. Há algum tempo você tinha meia dúzia de grandes marcas e não mais do que uma dezena de opções. Reconhecia os carros ao seu lado no semáforo apenas pelo barulho do motor. Sabia quando era um Opala ou um Fusca. Você reconhecia de longe. Um Opala era um carro grande quadrado. Um Fusca era um carro pequeno e redondo. Você reconhecia uma Brasília de muito longe apenas pelo barulho dos dois carburadores (geralmente desregulados).

Hoje, além de os carros nem terem mais carburador (graças a Deus!), você tem centenas de marcas e, literalmente, milhares de possibilidades para escolher um carro. As estatísticas revelam que a cada dois dias você tem um novo modelo de carro sendo lançado, e as projeções mostram que temos algo em torno de 5 mil opções, se pensarmos em comprar um hoje.

Os "microestilos" dentro de um estilo
que já não sabemos mais qual é

Veja o que se tornou o segmento de vestuário e o mercado da moda. Visualize a imensa mancha de igualdade que sombreia as criações disponíveis no mercado conhecido como *fast fashion*. Tem muito de tudo e tudo é muito igual. Tudo é *fast fashion* no varejo da moda. E pense um pouco mais demoradamente se faz sentido perguntar se existe a possibilidade de um varejo sobreviver oferecendo aos seus clientes "slow fashion"?

A complexidade de escolhas nesse setor ainda é turbinada pela crença de que tudo hoje pode ser moda. Você tem referências de estilos dos anos 1920/1930 com babados e rendas, tem referências dos anos 1950, dos anos 1960, dos psicodélicos anos 1970, da "geração disco" dos anos 1980, enfim. Associe agora a isso tudo a farta oferta de opções de cores, padronagens, texturas e diferentes possibilidades de associações dessas peças e você criará uma complexidade que o consumidor normal só consegue entender quando vê *looks* prontos (manequins totalmente vestidos) na vitrine.

Não importa. **Precisamos crescer**

Para criar novas possibilidades ao consumidor, criam-se mais marcas como subsegmentos dentro dos segmentos por estilos. E aí, mais complexidade para um consumidor que já está estressado com o muito que tem a escolher e que não consegue mais saber quem é. Um consumidor que precisa folhear revistas para tentar entender a que tribo pertence. Um consumidor de moda que não sabe mais que estilo tem e que precisa se identificar com imagens publicitárias de editorial e anúncios para ter uma vaga ideia de quem ele próprio é.

Mas o movimento do varejo é ganhar escala. É imperioso para a sua própria sobrevivência num mercado cada vez mais concentrado. E aí, para ganhar volume, precisa fatiar mais. Assim, existem as marcas de varejo com seus estilos e, dentro desses, marcas próprias com "microestilos" por comportamento dentro do estilo do target. Uma plataforma enorme de possibilidades que, de tão ampla, enfraquece o "significado" da marca. Ela passa a ser vista por tantos ângulos diferentes, com tantos comportamentos e estilos, que perde o seu maior valor nesse caos: o que ela significa.

Eu sei qual é o seu **estilo**, mas já **não sei qual é o meu**

A meu ver, é um caminho sem volta para a esquizofrenia da imagem e para a perda da própria identidade. Um setor que de tão ágil em entender estilos, reagir e se adaptar, está perdendo o seu próprio estilo. Todos os grandes varejos estão ficando cada vez mais parecidos na oferta e na proposta de pontos de venda. Some-se a isso o paradigma sagrado de os médios e pequenos seguirem os grandes líderes e instala-se o comportamento de manada. No varejo de moda está-se criando o mesmo padrão que na última década destruiu a identidade das marcas do varejo de linha dura (principalmente eletro e móveis). Está-se criando uma enorme massa homogênea. Uma massa ultracolorida, ultra*fashion* e ultradiversificada nos estilos, mas homogênea na falta de significado.

Comportamento padrão como padrão

Uma massa homogênea que se comporta igual, que se move igual, fazendo as mesmas coisas, com a mesma cara e do mesmo jeito, e sem oferecer nada que ajude o consumidor a compreender sua diferença de valor na marca. Um segmento que de tão moderno, tão *up* e tão *fast* está ficando, no mínimo, previsível, pouco encantador e cada vez mais monótono.

O problema de **ter demais**

Mas não fique preso somente ao varejo. Pare um pouco e pense em todo o mercado nos seus mais diferentes segmentos. Repare na área de serviços e veja tudo o que nos oferecem diariamente. Para tudo o que você imaginar, existe uma possibilidade de serviço sendo oferecida. Tudo divergiu nessa imensa árvore do mercado. Tudo ficou muito segmentado e com isso hoje temos tudo com que sonhamos e tudo com que nunca sonhamos. Uma avalanche monumental de coisas que não entendemos, não diferenciamos e de que não precisamos. E esse passou a ser o nosso problema e um aspecto crítico da gestão de valor das marcas.

O dilema **do excesso** e **da escassez**

Youngmee Moon, professora de Harvard, no seu livro intitulado *Diferente*, diz o seguinte: "[...] historicamente, a melhor maneira de uma empresa oferecer valor é proporcionando algo que é difícil de encontrar. A escassez sempre aumenta a demanda. A pergunta é: numa era em que os consumidores podem escolher entre uma infinidade de produtos e serviços que vão muito além do que eles querem ou precisam, o que sobrou para ser escasso?

"Pense nisso por alguns minutos. O que é escasso para você? Falando por mim, sempre que me vejo mergulhada na abundância de alguma coisa — qualquer coisa — isso acaba atiçando um grande desejo de me livrar de tal coisa. Isso significa que, sempre que estou cercada de barulho e animação, atividade e tumulto, o que é escasso para mim é... o silêncio. Quando me vejo cercada de opções, vendedores e ofertas de gratificação imediata, o que é escasso para mim é... um tempinho para pensar melhor. O pragmatismo desperta o meu apetite pela fantasia; e um excesso de fantasia desperta uma ânsia por fatos concretos."

E aqui temos o nosso grande dilema. O dilema do excesso e da escassez. Vivemos numa sociedade em que tudo tem mais de uma opção, o que transforma nossas escolhas, que outrora eram simples, num processo de análise de muitas variações. Essa dificuldade acaba sendo ampliada pela similaridade entre as opções e pela falta de tempo que temos para fazer análises minuciosas em busca de diferenciais. Então, literalmente travamos. Não conseguimos decidir ou sofremos para tomar decisões.

Nossas escolhas acabam sendo feitas por preço ou por outros fatores que vão muito além das características técnicas dos produtos. Algo que possa reduzir a complexidade e nos oferecer auxílio no momento da tomada de decisão. Então, posso lhe assegurar que nossas escolhas, se não forem absolutamente por preço em condições técnicas iguais, serão por marcas. Pelo que elas significam na nossa vida. Pelas causas que as marcas defendem ou pelos valores que pregam e praticam nos seus negócios. Fora disso, tudo será decidido numa arena sangrenta e vermelha de guerra de preços. Simplesmente porque não conseguimos decidir racionalmente. Isso vale para marcas de empresas no mundo corporativo, para produtos no mercado, como também para as marcas pessoais de profissionais que contratamos. Vale para mim e para você.

E, por sinal: no que você se diferencia mesmo? O que significa mesmo a sua marca? Ela significa alguma coisa para o seu público?

" As marcas são conceitos vivos que guardamos na cabeça durante anos. O que as constitui é ao mesmo tempo lógico e irracional. Algumas das mais duradouras imagens de marca são puramente emocionais — lembranças de um serviço excepcionalmente ruim, de um produto que deixou de cumprir o que prometia ou de outro que superou as expectativas e deixou uma impressão profunda com seu desempenho espetacular. Armazenamos mentalmente todos os momentos em que uma marca nos fez parar e provocou reflexões profundas ou nos inspirou. É aí que lembramos daquelas que marcaram uma passagem importante das nossas vidas. "

Scott Bedbury

Caminhos

capítulo 07

OS PARADOXOS
DAS NOSSAS RELAÇÕES

> " Por baixo e acima de tudo de concreto que experimentamos no nosso dia a dia encontra-se a **ideia da coisa**, que lhe confere um significado duradouro e até permanente. "

Platão

Você acha que tem **poucos amigos? Seus problemas acabaram!**

Em junho de 2012, o comediante americano Dan Nainan passou de míseros 700 seguidores no Twitter para a incrível marca de 220 mil. Um salto de popularidade impressionante que devia ser resultado de um fato muito importante na carreira. Mas não. Nada disso. O interessante é que esse salto magnífico de seguidores não foi fruto somente do seu talento ou de alguma ação genial momentânea que o transformou numa figura mítica da noite para o dia. A surpreendente popularidade de Dan Nainan foi comprada. Isso mesmo. Ela foi fruto de uma compra de seguidores no "atacado". Uma compra planejada de fãs para o seguirem nas redes sociais. Uma legião de seguidores comprada assim, como se compra uma roupa nova ou outro bem qualquer.

Por quê?

Conforme relata o *The New York Times*, fonte do jornal *Zero Hora* de 9 de setembro de 2012, o comediante praticamente comprou o equivalente a uma população de uma cidade média porque ficava constrangido com o baixo número de seguidores que tinha no Twitter comparado com a fama que já tinha conquistado (percepção do próprio sucesso). Nas suas palavras, o número de 700 seguidores era muito baixo para ele e de certa forma constrangedor perto das pessoas que ele achava que o conheciam.

Ele acreditava que isso precisava ser resolvido porque afetava o sucesso de sua carreira, pois ter poucos seguidores para uma pessoa pública, hoje, é sinal de desprezo e de baixa popularidade. Então ele foi lá e, de uma tacada só, comprou exatamente 219.300 seguidores. Uma legião de amigos e fãs! E sim, agora ele tinha se tornado um sujeito de prestígio!

Um centavo de dólar por cada fã

Na mesma matéria, o *The New York Times* cita: "Will Mitchell, fundador da Clear Presence Media, empresa de marketing nos arredores de Tampa, na Flórida, contou ter comprado mais de 1 milhão de seguidores para seus clientes, entre os quais estão músicos, *startups* e uma atriz bastante conhecida que ele não quis identificar. Além disso, é barato. Segundo Mitchell, certa vez ele comprou 250 mil fãs por 2,5 mil dólares, um centavo de dólar cada. Um site, Fiverr, de classificados on-line de serviços de marketing barato, tem vários anúncios oferecendo mil seguidores no Twitter por 5 dólares. Uma pechincha imperdível!"

Ainda conforme Mitchell, "os seguidores do Twitter são vendidos de duas maneiras: os 'direcionados', como são conhecidos no meio, são obtidos por intermédio de programas que procuram usuários do Twitter com interesses similares e os seguem, apostando que muitos irão retribuir o favor. E os seguidores 'gerados', que são de contas inativas ou criadas por computadores geradores de spam, chamados de 'bots'. Comprar seguidores gerados por *bots* é contrário aos termos do Twitter e reprovado pelo público. Porém, é perfeitamente legal", afirma Mitchell.

Compre amigos e seja reconhecido como um sujeito legal

Inconformado com esta e várias outras notícias a que tive acesso nos últimos tempos sobre esse tipo de compra, fui atrás para ver se era verdade o fato de haver gente que paga para ter amigos e fãs no mundo virtual e tenta obter reconhecimento rápido na rede.

Como ninguém que compra admite ter comprado, não consegui nenhuma declaração desse tipo. Então parti do seguinte pressuposto: se existem empresas que vendem, é porque existem pessoas que compram. E quando você acha que chegamos ao fundo do poço em matéria de futilidades e inutilidades sociais, nova decepção. Para minha surpresa, o fato é constrangedor, porque é a mais pura verdade. Existem várias empresas, inclusive no Brasil, que vendem seguidores no Twitter. Forneço mais detalhes a seguir caso você fique interessado em tornar-se uma pessoa reconhecida e seguida nas redes sociais. Vamos aos fatos e dados.

Compre "curtidas" e sinta-se amado

Você pode não só comprar seguidores no Twitter, mas também (pasme!) comprar "curtidas" ou "likes" no Facebook. E ainda visualizações dos seus filmes no YouTube para mostrar aos amigos quanto você é "curtido".

Dá para acreditar? Pois acredite. Minha secretária Aline pesquisou várias empresas dedicadas a isso no Brasil. Fácil. Encontramos a

Big Follow, que oferece até dois planos de compra: o VIP e o Expresso. Vejam só aonde chegamos. Você pode ficar muito visível e nem precisa comprar o plano VIP, basta o Expresso! Com R$ 500 no bolso, você pode comprar 500 seguidores. Não é muito, mas você já sai do anonimato. E, com R$ 8.000 e a ajuda da Big Follow, você arrebenta de tanto sucesso nas redes sociais, com 100 mil seguidores. Você vira celebridade e seus amigos morrerão de inveja do seu sucesso nas redes sociais!

Vasculhando mais, sem grandes dificuldades, encontramos várias outras empresas além dessa. A Dominação Social.Com, com a oferta de mil seguidores por módicos R$ 45. Preço de uma pizza. A Quero Seguidores.Info, a AddSeguidores e a MaisCurtir.Com, que oferece um pacote especial: por R$ 79 você ganha mil fãs no Facebook + 10 mil seguidores no Twitter. O que já seria razoável para você ser uma pessoa reconhecida. E então? Vai continuar reclamando que não tem amigos?

Perdemos o **senso do ridículo**

Aqui eu faço questão de pedir desculpas a você. Perdoe-me pelas insistentes ironias na descrição acima. Eu explico minha abordagem. É que o tema é tratado com tamanha naturalidade por muita gente (quem vende, quem compra e quem sabe disso) que parece que estamos brincando ou que perdemos completamente a razão e o senso de ridículo. Não sei a você, mas a mim, o ato de comprar seguidores e curtidas no que se publica parece de uma total insanidade. E é nisso que eu quero insistir. Nossos comportamentos estranhos.

Se analisarmos com calma, veremos que não é só o comprar "curtidas" ou "seguidores" que parece estranho para este momento de muitos amigos em rede e de farta possibilidade de conexões. Há uma série de outros comportamentos que são reflexo ou causa disso. Por isso eu o convido a viver comigo alguns desses comportamentos aparentemente estranhos em forma de paradoxos.

A **força dos paradoxos** e os **caminhos**

Aqui veremos, em breve, o primeiro paradoxo de uma série deles, que agrupei nesta terceira parte do livro chamada de "Caminhos". Por que "Caminhos"?

Porque chamei a primeira parte deste livro de "Inquietações", provocando você sobre propósitos e significados da sua marca, da marca do seu negócio ou da sua organização. Meu objetivo foi inquietá-lo e tirá-lo da zona de conforto para uma nova visão deste momento e da importância do "propósito, da paixão e do significado" na gestão das marcas, sejam elas pessoais ou do mundo corporativo.

A segunda parte foi batizada de "Contexto", em que mostro um pouco a face da sociedade do excesso. Uma sociedade cada vez mais fria, mais tecnológica, mais estressante, muito mais congestionada e equalizada, em que "significado e propósito" fazem toda a diferença.

Nesta terceira parte, batizada de "Caminhos", mostro a possibilidade de rotas de "fuga", de "portas" e "janelas" inspiradoras para que se possa não só compreender melhor este momento ímpar da sociedade, mas também lidar muito melhor com esse contexto e suas implicações no comportamento.

E, é claro, para poder fazer gestão de marca com muito mais eficácia, que é o objetivo central deste livro. Para isso, este capítulo é vital. Ele aborda vários paradoxos que marcam o cenário atual e que são críticos para entender quem somos hoje, como nos comportamos e como isso tem afetado a nossa forma de consumir e de se relacionar com as marcas.

A **importância dos paradoxos** no **comportamento** e no **consumo**

Creio que a compreensão dos paradoxos faz parte do esclarecimento das possíveis soluções (dos caminhos) para um branding mais eficaz no mercado e para uma nova postura na gestão do valor das marcas junto aos seus públicos.

Também acredito que a compreensão dos paradoxos permite uma caminhada mais lúcida e segura na direção do entendimento desta nova "persona" que define o comportamento do cidadão deste século, bem como possibilita entender os fatores que afetam drasticamente nossa identidade e, consequentemente, nossa relação com o futuro das organizações, a imagem das instituições e a convivência em sociedade.

O mergulho nos paradoxos nos permitirá não só entender as mudanças estranhas que aconteceram (e que ainda acontecem) com o mercado, como as transformações no consumo. Também nos ajudará a compreender as mudanças críticas no comportamento e nas relações neste momento, que afetam não só a vida dos clientes da sua marca, mas a minha, a sua vida, a vida da sua família, dos seus colegas, dos seus amigos. Porque o entendimento do comportamento é crítico para o entendimento do consumo. Os dois estão umbilicalmente ligados. Um depende do outro. Um se transforma com o outro. E o consumo (de produtos de massa, como também de informação e mídia), gostemos ou não da ideia, muda a face da sociedade e, de certa forma, afeta o curso da história.

Sem dúvida alguma, estamos vivendo mudanças drásticas em nossos comportamentos, que mudaram e continuarão a mudar radicalmente nossa vida. E, consequentemente, nossa forma de consumir e perceber valor nas marcas.

Por isso, compreender os paradoxos atuais será vital para entender o que eu proponho desde o início deste livro: **que o significado contido na marca — o seu propósito, a sua causa maior — fará uma enorme diferença no sucesso ou no fracasso, sendo um divisor muito claro entre as marcas que somente competirão por preço numa guerra de perdedores e as que estarão baseadas em valor e que, por isso, terão seguidores.**

Isso serve para a marca de produto ou serviço que você gerencia, para a marca de empresa que você dirige, para a marca da organização em que você trabalha, para a marca de instituição à qual você pertence, como serve também para a sua marca pessoal.

Impacto e **implicações**

Então, acompanhe comigo cada um destes paradoxos e analise o impacto e as implicações que afetam o seu negócio, a marca dos seus produtos, a marca da sua empresa, da sua organização, e ainda a sua marca pessoal. Você compreenderá a força que está contida nesses paradoxos. O primeiro deles trata do tema que iniciamos neste capítulo: a obsessão maluca que todos temos por ter "muitos amigos" e ao mesmo tempo a incrível e dramática solidão do homem moderno.

Muitos amigos e o meu **computador**

Este é o paradoxo que lida com uma dualidade estranha: o desejo de ter muitos amigos e a solidão de estar preso ao mundo cibernético. Por um lado, a obsessão por ter cada vez mais amigos no mundo virtual e, por outro, a tendência de estarmos cada vez mais sozinhos com nossos computadores e equipamentos eletrônicos.

Inicio com este paradoxo e encerro este capítulo com a síntese desse momento, pelo ponto de vista das "relações voláteis numa sociedade que preza cada vez mais o efêmero". Meu objetivo é mostrar quanto este momento, que defino como de muita volatilidade nas relações, tem afetado a função das marcas no mercado — tanto as marcas do mundo corporativo como a minha e a sua. Mas vamos ao primeiro paradoxo.

A síndrome da **necessidade** de **colecionar amigos**

Obsessão por ter muitos amigos. Esta me parece uma das características mais marcantes no comportamento das pessoas nos tempos atuais. Ter muitos amigos virou uma obsessão para muita gente. Todo mundo quer ter muitos relacionamentos nas redes sociais. E todo mundo quer ser muito popular. E muito popular significa ter relacionamentos não na casa das dezenas, mas na casa dos milhares de amigos.

As pessoas não se satisfazem mais com 50 ou 60 amigos, que já seria um número enorme, de alguém muito especial. A coisa toda evoluiu para as centenas. Então você chega aos 200 ou 250 e começa a se achar impopular, pois seus conhecidos têm 500, 600, 700. E, nesse crescendo, as coisas foram parar acima da casa dos mil, 2 mil, 3 mil.

Conseguir ter 5 mil amigos é chegar ao topo no Facebook. É quando o Facebook bloqueia novos relacionamentos se você tiver uma "página de pessoa física". É como se você virasse o "rei do morro" naquela brincadeira de criança subindo cômoros de areia na praia. Você vê todo mundo lá de cima e todos querem derrubar você de lá. E não fique achando que isso é muito difícil nesses tempos de sociedade do excesso. Tenho vários conhecidos que estão bloqueados no Facebook para novos amigos por terem chegado ao número máximo permitido. Vários reis do morro do FB!

Uma **estranha solidão** no meio da **multidão**

Enquanto vivemos o processo de conquistar cada vez mais amigos, passamos por um momento ímpar que dá sinais de que estamos cada vez mais solitários. Se você observar, verá que viramos verdadeiros autômatos andando pelas ruas. Seres humanos agora equipados com uma mochila nas costas, um fone nos ouvidos e um *smartphone* nas mãos. Como se fosse nosso kit básico de sobrevivência no século XXI. Uma verdadeira UPI — Unidade Pessoal Independente!

Não importa quantas pessoas estejam com você ou se você está realmente sozinho. Independe da companhia ao seu lado. Você está sempre sozinho no seu mundo. Você, sua mochila, seus fones, seu *notebook* ou seu *smartphone*. Você sozinho com seus milhares de amigos virtuais. Não importa se está no ônibus, no trabalho, no metrô lotado, no trem, na sala com a família ou trancado no seu quarto. Você está conectado com o mundo e seus milhares de amigos e, estranhamente, sozinho: você e seu mundo.

Mundos diferentes, ritmos diferentes

Nas ruas de uma grande metrópole ou numa cidade média do interior, não importa, o comportamento é padrão. Você com milhares de amigos, sozinho no seu mundo. Parece que boa parte de nós já nasceu com mochilas nas costas e fones de ouvido pregados nas orelhas. Todo mundo parece que aderiu a essa modalidade de individuação do espaço com seu kit de UPI.

Observe as pessoas em pontos de ônibus ou no metrô. Aglomerações de indivíduos que são UPIs "viajando sozinhos" em seu mundo no meio da multidão. Cada um movendo-se ao ritmo da música do seu gosto pessoal. Vivendo e curtindo a sua *playlist*, atualizando a sua página nas redes sociais, fazendo *check-in* por onde passa, no meio do caos de uma sociedade cada vez mais ruidosa e congestionada.

Cada um com sua mochila e seus equipamentos eletrônicos indispensáveis. Todos solitários vivendo suas vidas e sempre conectados com os seus muitos amigos distantes.

Sozinho com os amigos

Se você acha que isso só acontece com quem está de mochila nas costas e fones de ouvido, tem espinhas no rosto e escreve mensagens com "naum" em vez de "não", pode estar enganado. Entre num restaurante qualquer e observe o comportamento das pessoas com seus equipamentos. Não importa o tipo de restaurante. Pode ser um bistrô charmoso ou um bufê por quilo qualquer. Não importa a cidade. Pode ser São Paulo ou Madri. As pessoas degustam suas refeições e ao mesmo tempo devoram seus acessórios eletrônicos. Enquanto mastigam, falam ao telefone, atualizam dados, respondem a e-mails, trocam mensagens. E se desligam completamente de quem está comendo na frente delas. Um almoço conectado com quem está longe e muito distante de quem está perto, dividindo a mesa com você. Uma idiossincrasia dos nossos tempos.

Sozinho com a casa cheia de gente

Por que esse comportamento? Porque a gente não consegue mais se desconectar. Não existe mais saída. Simples assim. A sensação é de que nunca mais poderemos voltar a ser o que éramos quando não estávamos sempre disponíveis. Você se lembra? Se você se lembra é porque deve ter perto de 40 anos. Naqueles tempos, não estávamos totalmente disponíveis e, assim mesmo, sobrevivíamos e fazíamos negócios "no horário comercial". Agora, a disponibilidade transformou nossas vidas. Não existe mais limite nos horários, como não existe mais linha divisória entre o pessoal e o profissional. Não existe mais nenhuma divisão numa sociedade conectada. Estamos sempre conectados porque precisamos estar sempre disponíveis.

E, assim, passamos a viver dependentes e conectados com milhares de pessoas que nos acessam a qualquer hora. Todos precisam estar disponíveis para quem está muito longe e, de novo — muito estranhamente —, passamos a não estar disponíveis para quem está bem ao nosso lado.

Ficamos disponíveis para o mundo e indisponíveis para quem está junto de nós. Ficamos conectados com o longínquo e desligados do próximo. E não importa se no trabalho, na rua ou em nossa própria casa, amigos, cônjuges, filhos, cada um está com seu equipamento curtindo o seu mundo lá fora e há uma grande solidão compartilhada em família. Às vezes, essa solidão conectada ganha contornos trágicos, que nos deixam perplexos.

Um pedido de **socorro aos milhares** de **amigos**

Em janeiro de 2011, a inglesa Simone Back, de 42 anos, escreveu na sua página no Facebook: "Tomei todos os remédios, estarei morta em breve. Adeus a todos". Simone tinha 1.082 amigos no Facebook. No seu desabafo na página do FB, Simone recebeu de volta cerca de 150 mensagens. A maioria com piadas. Uma delas dizia que ela fazia isso o tempo inteiro. Resultado? Simone estava falando a verdade e se matou naquela mesma hora. O desabafo da mãe de Simone mostra a perplexidade diante de um caso como esse. A mãe, Jennifer Langridge: "É perturbador pensar que ninguém fez nada para [salvar] minha filha. Todos continuaram discutindo uns com os outros no Facebook, como se nada tivesse acontecido. Algumas dessas pessoas moravam próximo de Simone", declarou ela.

Um pedido de **ajuda para ninguém**

Em novembro de 2011, a americana Ashley Billasano, de 18 anos, não foi para a escola. Ficou em casa, escrevendo no Twitter. Durante seis horas, enviou 144 mensagens relatando sua dor, afirmando ter sido sexualmente abusada e forçada a prostituir-se. Ashley descreveu no Twitter como a polícia teria ignorado as suas queixas, e terminou relatando como teria tentado se suicidar. A primeira tentativa falhou. Após o anúncio da segunda tentativa, as mensagens cessaram. A adolescente morreu por sufocamento e a polícia se recusou a revelar pormenores sobre o método utilizado por Ashley para evitar a repetição da falha. A imprensa americana passou a centrar as atenções em outra questão: por que nenhum dos mais de 500 seguidores da conta de Ashley no Twitter tentou demover a adolescente ou chamar a polícia para ajudá-la?

Falando consigo mesmo na frente de milhares de **amigos**

Não sei para você, mas para mim esses dois relatos trágicos são um grande absurdo. E fatos tremendamente chocantes. Talvez você tente justificar dizendo que são casos excepcionais. Casos raros entre milhões de pessoas que acessam as redes todos os dias e publicam inocentemente fotos de seus pratos de comida sobre a mesa, de cachorros no sofá da sala e dos passeios com os filhos sorrindo no parque.

Eu não discordo disso. Nem acredito que possamos julgar as redes sociais pelos casos isolados de má utilização da ferramenta, porque isso seria muito injusto. Mas talvez você concorde comigo que nesses dois fatos (dos quais tive conhecimento pelos jornais) há um indício de algo muito mais importante que diz respeito à nossa identidade e ao nosso comportamento. Não nas redes sociais, mas na vida. Nessa vida moderna, ultraconectada e repleta de amigos.

Solidão imagética

É como se estivéssemos publicando coisas para nós mesmos. Como quando falamos na frente do espelho sobre nossas conquistas e nossas mazelas escondidos no banheiro de casa. Nesses tempos de brincar de *publishers,* acabamos sendo editores e, ao mesmo tempo, leitores de nós mesmos. Publicamos e corremos para curtir o que expressamos. Corremos para curtir a repercussão do que postamos. Mesmo que seja a foto da coisa mais banal da sua vida ou o prato de sushi da noite de sábado, jantando com seu marido — que talvez importe muito para você, mas só interessa a você e, talvez, ao seu marido.

Nosso comportamento nas redes sociais faz transparecer uma vontade de acreditar que estamos falando do alto de uma grande plataforma — um oratório gigante na frente de uma plateia imensa, um alto-falante de poste de um parque de diversões lotado de gente numa tarde de sol, de megafone nas mãos em frente a uma grande multidão na rua — para muitas pessoas, para todos os nossos milhares de amigos. Quando, na verdade, estamos solitários, falando conosco expostos ao intenso ruído das imagens curtas e das frases sem sentido. A diferença é que, em vez do espelho embaçado do banheiro, usamos a tela do computador ou do *smartphone*. É uma solidão diferente. É uma solidão imagética. Mas a solidão é a mesma.

Ânsia de falar aos outros o que não consigo falar para mim

Minha teoria é que temos tantas coisas para mostrar, publicar e dizer aos outros, que não nos sobra tempo para falar conosco e enfrentar nossas próprias verdades e medos. Sem nexo para você? Não sei. Pode ser. Mas vejo algum indício aqui para refletir sobre a força do paradoxo entre a obsessão por muitos amigos e a solidão. Um ponto que, a meu ver, não deveria ser ignorado.

Nunca tivemos tantas oportunidades — através de plataformas, meios e ferramentas — para falar mais uns com os outros. Só que não entendemos ainda que todos estão com a mesma ânsia de falar tudo o que não falaram até agora. O resultado é que falamos sobrepostos à fala dos outros, e ninguém escuta ninguém. Todo mundo acha que está falando e sendo ouvido por seus milhares de amigos, ou guiando centenas de seguidores, quando, na verdade, está falando solitariamente na frente do espelho e que muito pouca gente realmente presta atenção.

"Em suma, os problemas mais urgentes da espécie humana não são as questões de reprodução e sobrevivência física, são questões de sobrevivência mental, imagética. Na verdade, estamos conseguindo nos defender muito bem contra ameaças físicas, mas apenas começando a aprender como nos defender contra ameaças psíquicas. Esta necessidade está nos mudando no nível mais elementar da nossa identidade."

Melinda Davis

O **Obama** e o **nosso vizinho**

E por esse viés, chegamos ao nosso segundo paradoxo: "O Obama e o nosso vizinho". Minha constatação é de que nos interessamos mais pelo que está longe do que pelo que está perto. E batizei esse paradoxo de "O Obama e o nosso vizinho" porque passei a perceber esse comportamento há uns quatro, cinco anos, justamente quando o Obama ganhou relevância mundial como o primeiro presidente negro dos Estados Unidos. Todos nós sabíamos tudo dele naquele momento.

Enquanto eu escrevia este capítulo, as eleições nos Estados Unidos corriam para a reta final e não sabia se ele se reelegeria ou não. Mas não importa muito o nome do paradoxo. Importa é a compreensão do seu sentido. Importa é o comportamento padrão de que trata o paradoxo: o estranho hábito que adquirimos de nos interessar mais por quem está muito distante e muito pouco por quem está bem ao nosso lado.

Como se chama o seu vizinho de porta?

Você duvida? Então me responda rápido se você sabe o nome de boa parte dos seus vizinhos. Se você for um típico sujeito de classe média, numa cidade grande, que mora em edifício, provavelmente vai gaguejar para responder. É bem provável que saiba no máximo uns três ou quatro nomes em todo o prédio. Também é provável que mal conheça um ou dois nomes completos dos que estão no mesmo andar que você. Talvez saiba somente o nome do vizinho da porta ao lado. Mas não foi por interesse em ficar próximo, mas porque você já brigou com ele na última assembleia por causa de uma infiltração na sua parede.

Se você for um típico cidadão brasileiro de classe média, é bem provável que não tenha a mínima ideia sobre a profissão dos vizinhos que moram no mesmo prédio que você, mesmo os que estão no seu andar, mesmo que seu edifício seja apenas uma torre de 20 ou 30 apartamentos. Estou certo?

Compartilhamos tudo, mas queremos privacidade

Nosso interesse de classe média passa a ser muito seletivo com quem está próximo e totalmente sem barreiras com quem está distante. E isso mostra o nosso contrassenso atual e o impacto do paradoxo: próximo/distante. Você fotografa o prato da sua comida na mesa de domingo para colocar no Instagram e manda pela internet para que todos vejam, mas não gosta quando o porteiro pega sua correspondência para lhe entregar em mãos porque isso afeta a sua privacidade. Estranho, não?

Você coloca a foto da festinha dos seus filhos no Facebook para milhares de pessoas verem, e elas podem ser curtidas, copiadas, coladas, encaminhadas, colecionadas, mas preocupa-se com a interferência na privacidade da vida dos seus mesmos filhos quando monitorados por câmeras na escola. Você "tuita" o tempo todo e compartilha com milhares de pessoas muitas das suas opiniões pessoais, algumas muito pessoais, que você deveria guardar somente para si, mas inexplicavelmente, não gosta que sua diarista saiba da sua vida pessoal, mesmo morando com você. Por onde você passa, faz *check-in* e registra os lugares para que todo mundo saiba onde foi, mas reclama da futilidade das celebridades, que divulgam fotos fazendo compras no shopping. Você publica suas fotos o tempo todo nas mais diversas e íntimas situações, mas critica o absurdo interesse das pessoas por *reality shows* como o Big Brother.

Na periferia, a proximidade ainda **tem** algum **valor**

Você só saberá o nome dos seus vizinhos e se interessará por eles se morar num bairro pobre da periferia ou numa grande favela. Não interessa se no Rio, São Paulo, Fortaleza, Recife ou Porto Alegre. O comportamento é o mesmo. Nos bairros muito pobres ainda resiste bravamente a ideia de gostar da proximidade e do envolvimento com vizinhos na sua vida. No coração da classe média, não. É o contrário.

Na periferia ainda existe gente que abriga o filho da vizinha para esta poder ir trabalhar. Gente solidária que padece com o sofrimento alheio e que não se importa de contar e compartilhar a vida com vizinhos. Pessoas que cuidam umas das outras simplesmente porque entendem que também podem precisar. Gente que acha natural se interessar por quem está ao lado e não se importa em escutar, trocar, compartilhar.

O **contracheque** aumenta, **diminui a proximidade**

Esse comportamento está se reduzindo à periferia e às cidades muito pequenas. O tamanho da cidade ganhou corpo, vem rápido o fator distanciamento. Subiu um pouquinho de classe, aflora o desinteresse por quem está próximo. Quanto mais se sobe de classe, maior o distanciamento. Quanto mais robusto o contracheque, mais alta a barreira para a proximidade.

Por isso o paradoxo, como o descrevo, atinge com muito mais força o grande meio da pirâmide (que não tem mais a forma de pirâmide, com a ascensão das classes C e D) e independe de idade. A classe média, hoje, constitui uma parte da população que é a imensa maioria. Constate você mesmo onde está centrado esse paradoxo e verá que é um típico comportamento de classe média. Justamente a classe que acaba ditando o comportamento padrão da sociedade. Um comportamento padrão que tem ficado cada vez mais forte nos últimos tempos.

Meu nome completo

Por que esse comportamento? Você dirá que o distanciamento das classes mais altas é por medo, para alguns, principalmente para os mais ricos. E isso é compreensível em cidades grandes e violentas. Quanto menos souberem da sua vida, melhor. Um dos meus clientes com residência em São Paulo fala sempre disso. Se entrar numa loja em São Paulo e o vendedor souber o seu nome completo, você já fica meio desconfiado. No interior, não. Você gosta disso. Saber de você e tentar conhecer melhor sua vida mostra proximidade e interesse. Mas para o cidadão nas cidades grandes, não. O efeito é contrário.

O **paradoxo** em casa

Nas grandes cidades, estamos cada vez mais distantes uns dos outros, mesmo que morando no mesmo andar. Estranhamente nos interessamos cada vez mais pela vida de celebridades, de gente famosa, de pessoas bem distantes da gente, e nos desinteressamos por quem está muito próximo. Sabemos boa parte da escalação do nosso time do coração e acompanhamos diariamente a vida de cada jogador, mas não conhecemos as dores dos nossos filhos adolescentes, no quarto ao lado. Forte isso? Não sei. Mas é parte do paradoxo dos novos tempos. Cada vez nos interessamos com mais intensidade pelo que está distante e não pelo que está batendo à nossa porta.

A **vida distante** de quem me dá **bom-dia todos os dias**

Pergunte a si mesmo o que sabe sobre os seus vizinhos e pessoas mais próximas e provavelmente você, como eu, dará vexame, sabendo muito pouco. Ou absolutamente nada.

Se você for um homem com filhos pequenos, pergunte-se se sabe o nome dos professores do seu filho. O nome do professor de judô do seu filho caçula. O nome do filho da sua diarista. O nome do motorista da van que leva seu filho à escola de inglês. Sua mulher talvez saiba (as mulheres sempre sabem). Mas e você? Pergunte-se o que sabe sobre a vida pessoal dos colegas de trabalho que dividem a mesa com você. Ou sobre a vida pessoal da sua secretária, que está com você há anos. Pergunte-se se sabe alguma coisa sobre a família do porteiro do seu prédio, que trabalha lá há quase dez anos. Isso mesmo. O cara que lhe abre a porta diariamente e que já lhe deu alguns milhares de "bom-dia". Pergunte-se o que sabe sobre ele. Você sabe alguma coisa?

A **loira da caminhonete** do terceiro andar

Todo mundo tem muita pressa e a gente acaba reduzindo as coisas. A vizinha que conhecemos há três anos e não sabemos o nome vira "a loira da caminhonete do terceiro andar", ou o vizinho se transforma no "careca da Hilux preta" ou no "gordo que fala alto nas reuniões de condomínio". Pronto. Está nominado e não precisamos saber mais do que isso. É o suficiente. É o mínimo para poder identificar vizinhos quando você fala deles com a sua mulher. Reduzimos tudo, simplificamos, não nos preocupamos e nos distanciamos.

E, estranhamente, acompanhamos com interesse a vida do presidente dos Estados Unidos e sabemos até que a mulher dele se chama Michele. Conhecemos suas iniciativas contra a obesidade na América. E se duvidar, sabemos o nome das filhas dele e do cachorrinho que mora com a família na poderosa Casa Branca. Sabemos dos dramas para emagrecer do Ronaldo Nazário e desconhecemos o que nosso cônjuge está sentindo neste momento por conta dos seus problemas no trabalho.

Quanto mais **perto**, mais **distante**

Sabemos da vida privada de gente famosa como o Neymar e nos interessamos muito pelos detalhes sórdidos das festinhas noturnas e bebedeiras de jogadores como Ronaldinho Gaúcho ou Adriano Imperador, mas não sabemos onde nosso filho estava na madrugada passada nem como ele voltou para casa esta manhã.

Sabemos da vida dos artistas da novela e suas banalidades, mas não como vamos conversar com nossos filhos sobre álcool, sexo, drogas ou medos. Acompanhamos muitos dramas de gente distante com um interesse cada vez maior, e fugimos dos dramas que estão sentados conosco, solitários, dividindo o mesmo sofá.

> "A maior parte do que ocorre no cérebro é inconsciente. O que dizemos, fazemos e sentimos em qualquer momento é amplamente moldado por esses processos inconscientes, também conhecidos como implícitos. Frequentemente, esses sistemas conscientes e inconscientes podem nos levar a um comportamento bem contraditório, e essa é uma das razões pelas quais o comportamento humano normalmente parece ser errático e caprichosamente irracional."
>
> *Ian H. Robertson*

O paradoxo de **ver e não ver**

Outro aspecto dos nossos dias sobre o qual vale a pena refletir é o que eu chamo de comportamento "ver e não ver". A pessoa está no lugar para ver, mas tem a necessidade imensa de registrar tudo em vídeo para poder mostrar aos outros o que ela acha que viu. Então ela filma e fotografa sem parar e, com isso, perde a oportunidade de ver como poderia ter visto.

Muita gente está lá, mas apenas fisicamente. Muita gente vai aos lugares, mas não curte mais a ocasião porque tem de mandar o que vê para os outros para que — aí sim — ela aproveite o que poderia estar curtindo pessoalmente.

Da mesma forma, muita gente não assiste mais à televisão com a família quando está com a família. Hoje muita gente está fisicamente com a família — talvez até no mesmo sofá —, mas enquanto assiste à tevê pensa na multidão de pessoas que devem estar precisando dos seus comentários sobre o que está vendo. Então, passa a postar mensagens, tentando mostrar aos outros o que talvez nem esteja vendo. Louco isso? Além de editores, viramos comentaristas de tudo e de todos.

Editores e comentaristas
de **nós** mesmos

Viramos editores e comentaristas de nós mesmos, e passamos a crer que do outro lado do mundo nossos amigos espectadores cibernéticos estão ávidos por nossos comentários críticos sobre aquilo a que estamos assistindo. Assim, não vemos mais nada. Assistimos a fim de criticar e comentar para poder compartilhar com alguém lá fora que não está vendo o mesmo conteúdo.

O que **importa** é **registrar**

Esta pode ser a imagem deste início de século: pessoas fotografando tudo. Pessoas de todas as idades fotografando e filmando freneticamente com seus equipamentos eletrônicos. Pessoas ansiosas para registrar e publicar tudo o que acabaram de fotografar e filmar. Pessoas em todos os lugares e em todas as situações fazendo registros e publicando tudo para todos na ansiedade de compartilhar instantaneamente o que acreditam estar vivendo naquele instante.

Você já foi a uma apresentação de crianças pequenas numa escolinha? Então sabe do que estou falando. São cenas impressionantes. Hordas de pais se acotovelando desesperadamente para filmar seus filhos do melhor ângulo possível. Todo mundo disputando a melhor posição para registrar tudo o que puder de seus pequenos. Fica o registro eletrônico e perde-se a oportunidade de viver o momento.

O que importa mesmo é **registrar para enviar**

No teatro, assistindo a um concerto, pude constatar como isso ficou muito forte entre nós. Muita gente fotografando e filmando. Muitos *flashes* o tempo todo. Mas a mulher ao meu lado chamou minha atenção. Ela passou as mais de duas horas do espetáculo fotografando, escrevendo legendas e postando as fotos e seus comentários na internet. E ela não tinha nenhuma credencial de imprensa. Era como nós. Editora de si mesma cumprindo seu papel sagrado de compartilhar com os outros o que estava fazendo naquele momento, certamente preocupada com os milhares de pessoas sedentas de informação do lado de fora daquele espetáculo. Ela não viu o que estava lá. Ela viu pelas lentes dos outros. Ela viu e infelizmente não viu, não sentiu, não viveu.

Ver e **não ver**

Este, para mim, é outro paradoxo importante do nosso comportamento de hoje: o ver e não ver. Porque ele não trata somente do que eu acabo de relatar. Ele é bem mais profundo e diz respeito a bem mais do que isso. Ele trata da síndrome atual de não mais "curtir o caminho". Para uma boa parte de nós, não importa mais o estar, o como, desde que se chegue rápido. Não importa muito mais a caminhada, mas a chegada — e o registro dela. Não importa muito mais o que fazemos, mas o que mostramos aos outros que estamos fazendo. O desejo de mostrar é maior que o de curtir o que se está fazendo. Seja lá o que for.

O tempo parece curto para todos. A vida passa sempre tão rápido que não dá tempo de parar para "ver e realmente compreender" o que está acontecendo ou o que estamos fazendo. Temos muita coisa para fazer, para registrar, para mostrar, para postar, para compartilhar, tanto que nos esquecemos de viver aquilo que está na nossa frente. Queremos que termine rápido para poder correr e mostrar aos outros — o que a gente mal viu.

Condenados a existir sempre **fora** de **nós** mesmos

No livro *Vertigem digital*, Andrew Keen relata seus pensamentos pós-debate em Oxford, na Inglaterra, com o multibilionário fundador do LinkedIn, Reid Hoffman, conhecido como @quixotic por seus seguidores no Twitter e considerado um dos "donos do nosso futuro coletivo". Ele relembra a discussão sobre se as comunidades nas redes sociais iriam substituir o Estado-nação como fonte de identidade pessoal no século XXI e se o homem digital seria mais conectado que seu antecessor da era industrial.

Pensando dias depois sobre o debate, Keen diz no livro: "Notei que ele estava ao mesmo tempo certo e errado sobre o nosso futuro coletivo. Sim: não há dúvida de que, para o bem ou para o mal, os átomos industriais dos séculos XIX e XX foram substituídos por bytes em rede do século XXI. Mas não: em vez de nos unir entre os pilares digitais de uma pólis aristotélica, a mídia social de hoje na verdade estilhaça nossas identidades, de modo que sempre existimos fora de nós mesmos, incapazes de nos concentrar no aqui e agora, aferrados demais à nossa própria imagem, perpetuamente revelando nossa localização atual, nossa privacidade sacrificada à tirania utilitária de uma rede coletiva".

Volatilidade e **perenidade**

Quero fechar este capítulo, no qual mergulhamos em paradoxos das nossas relações, tratando um pouco da qualidade das relações atuais pelo ângulo da perenidade e da volatilidade — fatores que creio serem determinantes para podermos pensar em estratégias para marcas que almejem continuar valorizadas pelos seus públicos.

Constato que um dos maiores dilemas deste século será o de estabelecer relações duradouras ou perenes entre marcas e sua base de clientes. Porque o consumidor, eu e você, todos nós, de modo geral, estamos vivendo tempos de muito mais volatilidade do que de perenidade. E parece que, sofrendo ou gostando, estamos nos acostumando com isso. E é aí que as coisas ficam complexas para os profissionais de marketing. Porque tudo o que queremos para nossas marcas é o contrário. Ansiamos pela possibilidade de construir relações percebidas como produtivas para ambos os lados e nas quais essencialmente possamos ficar juntos o maior tempo possível.

O objetivo maior de qualquer marca deveria ser este — construir uma estratégia que permita estreitar cada vez mais os laços de confiança entre a marca e seus consumidores. É dessa forma, e apenas assim, que uma marca poderá almejar sua própria sustentabilidade: com a perenidade das relações com os seus públicos.

Mas os **sinais** são **contrários**

Mas a sociedade dá sinais contrários, pelo menos neste momento. Creio que as pessoas estão muito mais propensas a relações efêmeras do que dispostas a relações mais longas e, talvez, até perenes. Por quê? Porque o que vivemos hoje na frouxidão das relações seja talvez resultado de uma série de muitos outros fatores do comportamento social, em que não conseguimos mais distinguir o que é causa e o que é efeito. O que se pode inferir é que boa parte dos efeitos gira em torno da sociedade do excesso, da instantaneidade e velocidade da informação, e do estresse da disponibilidade.

Assim, temos uma sociedade com excesso de informação e com uma terrível pobreza de aprofundamento nessa mesma informação. Tudo ficou muito largo — eu diria que extremamente largo, mas, como era de se esperar, também extremamente raso. E isso se reflete um pouco em tudo. Na rasa bagagem cultural das pessoas, no estresse diário para lidar com o volume de informação e com suas tarefas, na dificuldade de conviver com a disponibilidade e de estar sempre em vigília e no pouco aprofundamento em geral como resultado disso tudo.

Relações de **140 caracteres**

E, como seria de esperar, esse largo-rápido-raso também acabou afetando o comportamento nas relações. Elas se tornaram muito mais soltas, mais "leves" e muito mais descomprometidas com a obrigatoriedade de qualquer coisa. Inclusive descomprometidas com a duração das próprias relações. Exatamente como são os nossos tuítes nas mídias sociais. As pessoas parece que estão se acostumando com papos e "relações de 140 caracteres". Tudo muito rápido, tudo muito miúdo, tudo muito raso, tudo muito volátil.

E, por vezes, parece que também muito contraditório. Como você vai constatar nessa série de comportamentos estranhos e paradoxais que marcam a sua vida e a minha. Está disposto a enfrentar isso? Então venha comigo. Você ainda está aí?

PROP

ÓSITO

"UM PROPÓSITO QUE SEJA MAIOR QUE O SEU NEGÓCIO E QUE FUNCIONE COMO UMA GRANDE BANDEIRA EM TORNO DO POSICIONAMENTO. UMA BANDEIRA QUE SEJA MOBILIZADORA E TRANSFORMADORA PARA OS SEUS PÚBLICOS A PONTO DA MARCA TORNAR-SE REFERÊNCIA E GUIA EM MEIO AO CAOS DO MERCADO. MAS UMA BANDEIRA QUE NÃO SE LIMITE A SER APENAS UMA BANDEIRA E SIM, O GRANDE PROPÓSITO DA ORGANIZAÇÃO."

ARTHUR BENDER

capítulo 08

COMPORTAMENTO
PARADOXAL E A BUSCA

" Quanto mais tecnologia do consumidor você comprar, mais precisará de uma fuga."

John Naisbitt

O **paradoxo** da **tecnologia** e do **misticismo**

Entre os paradoxos interessantes deste período, um deles é bastante curioso para mim, e tenho me dedicado a observá-lo com muita atenção. É sobre a ideia de uma sociedade que está cada vez mais tecnológica e ao mesmo tempo cada vez mais mística.

Acho que não preciso convencer você de que vivemos tempos bastante arrojados quando se trata de inovações, modernices de toda ordem e traquitanas tecnológicas, das quais passamos a ser dependentes. Creio que estamos vivendo um momento ímpar da humanidade em termos de facilidades tecnológicas e, ao mesmo tempo, sofrendo com a dependência que isso nos causa.

Dependência tecnológica

Duvida? Experimente ficar sem celular um dia inteiro. Você certamente passará um péssimo dia, pois ficará terrivelmente preocupado

com a possibilidade de o mundo inteiro estar atrás de você, e você —
indisponível! E isso, em nossa sociedade, significa estar fora de tudo.
Varrido do mercado. Parece que 24 horas bastam para deletar você do
mercado por estar indisponível.

Duvida ainda? Experimente trabalhar esta tarde sem computador.
Hoje temos a péssima sensação de que nada mais pode ser feito sem um
computador por perto. Parece que no momento em que você está sem
máquina, tudo de que precisava era estar com ela na sua frente.

Não adianta nada. Tudo de que você precisa está lá

Sem as facilidades da tecnologia, parece que não fazemos mais nada.
O arquivo que você queria ler era eletrônico. A sua agenda de compromissos não é mais de papel, e se perde se você perder a máquina, não tendo
backup. Todas as suas fotos estão armazenadas lá. As senhas do banco. A sua
planilha de custos. A matéria da revista que você guardou para ler num dia
mais calmo está lá também. A apresentação da última reunião. Tudo está lá.
Enfim, tudo gira em torno dos nossos equipamentos, que surgiram para facilitar a nossa vida. Tudo devia ser sincronizado para poupar nosso tempo.

Então, amigo, não adianta espernear. Estamos dependentes, sim. E não
vivemos mais sem ter tudo sincronizado nos diversos equipamentos à nossa
volta. Podemos dizer que vivemos tempos de muita tecnologia, como nunca
vimos antes. Ótimo. Com notícias de avanços todos os dias. Com tantas coisas que nem conseguimos mais acompanhar os lançamentos e saber de tudo.

Transmissão sem *bluetooth*, pelo corpo mesmo

Mas ontem, confesso que fui surpreendido. Estava assistindo ao
noticiário sobre uma feira de tecnologia e pude ver uma transmissão de

dados através do corpo humano. Isso mesmo. Sem cabos, sem *bluetooth*, sem nada. Pelas mãos. A demonstração foi assim: o repórter tirou uma foto com o celular. Pediu à pessoa que iria receber a foto que encostasse a sua mão no telefone. Cada um, então, colocou a mão no telefone e a imagem foi transmitida para o celular que estava no bolso da pessoa que iria receber a foto. Em outra situação, duas pessoas apertam as mãos e transmitem seus dados pessoais para o aparelho que está no bolso do interlocutor. A transmissão de dados é feita pelas mãos, percorre o corpo e se armazena no aparelho instantaneamente. Em dois anos essa transmissão poderá ser feita pelo corpo humano como fizemos agora, diz o repórter. A tecnologia já existe e em breve estará na minha e na sua casa. Não sei o que você acha, mas achei isso incrível.

Um mundo **muito tecnológico** e movido **a velas**

No entanto, repare que, em meio a toda essa tecnologia, estamos ficando cada vez mais místicos. Temos muitas velas em casa. Você tem? Eu tenho. Muita gente tem. Para colocar sobre a mesa naquele jantar especial. Para colocar em torno da banheira num banho relaxante. Para enfeitar a casa recebendo visitas. Para decorar a festa. Para iluminar seu caminho, acendendo junto ao oratório na parede. Para agradecer pelas conquistas de hoje. Para comemorar com seu cônjuge ou para simplesmente criar um clima especial num jantar em casa sem nenhum motivo. Observe as velas na maioria dos restaurantes também. Boa parte deles coloca velas sobre as mesas. E gostamos desse clima meio místico que as velas dão.

Se você há algum tempo ouvisse de um amigo que ele investiria todo o seu dinheiro numa fábrica de velas e que gostaria de tê-lo como sócio, você riria da situação e tentaria demovê-lo dessa ideia. Uma indústria de velas nos tecnológicos anos 2000 não pareceria sensato, certo? Mas veja o que isso se tornou. Nunca se vendeu tanta vela como hoje em dia. Temos velas por todos os lugares em 2012, quando estamos assistindo à possibilidade de fazer transmissões de dados pelo corpo humano, com a mais alta tecnologia. Estranho, não?

Pedras, cristais, rituais na floresta... **e iPads**

Note que adotamos as velas como um componente muito especial de nossa casa. Mas não são somente as velas que proporcionam esse ar místico. Veja os oratórios decorados que viraram moda, exatamente como tínhamos no passado. Constate a proliferação de pequenos altares para os seus santos de proteção. Repare no hábito de acendermos incenso. E de colocarmos sininhos de vento nas janelas para atrair prosperidade. Veja a proliferação da oferta de curas místicas nos classificados de um grande jornal. Feng shui para sua casa ou para o seu escritório. Harmonização de ambientes através da arquitetura. Oferta de limpeza de ambientes, massagens orientais, óleos essenciais, pedras quentes, cristais, harmonização de chacras, curas xamânicas, meditação, ioga, reiki.

Turismo em **caminhos sagrados** guiados **com GPS**

Veja a proliferação da oferta de operadoras turísticas com fins alternativos e místicos. Caminhadas nas montanhas. Peregrinações por lugares sagrados. O caminho de Santiago de Compostela costumava ser uma referência quase unânime entre pessoas que queriam fazer algo diferente. Olhe agora. Existem centenas de roteiros turísticos com alguma caminhada em algum lugar sagrado ou místico no planeta. Estranhamente, agora fazemos isso com a mais moderna tecnologia em GPS. Mas levamos a tecnologia para o ritual sagrado. Paradoxal, não?

Xamãs conectados com seus **tablets**

Veja a oferta de curas sagradas. Limpezas com pedras. Meditações. Massagens. Cursos sobre terapias alternativas, revistas dedicadas ao tema. Relatos de chás sagrados no meio da mata e de viagens místicas. Fórmulas para a prosperidade e rituais sagrados para conquistar o amor ensinados em publicações populares. Visitação e permanência em templos budistas para retiros de cura e reabilitação espiritual. Spas que propõem pacotes alternativos com alimentação especial, caminhadas na mata e orações. O contingente de pessoas que está optando por religiões orientais. A popularização da Cabala, tendo Madonna como garota-propaganda.

Então eu penso que nunca tive tantos amigos adeptos de filosofias orientais e que se tornaram budistas como tenho hoje. Isso numa época ultratecnológica e totalmente dependente de equipamentos eletrônicos, quando não conseguimos mais ficar desconectados.

Então o paradoxo é que nunca vivemos um período tão tecnológico como este e, por outro lado, nunca nos apegamos tanto ao místico e ao alternativo como nos apegamos agora. Por quê?

Equilibrando-se entre os extremos

Porque o ser humano tem buscado cada vez mais, nesses tempos velozes, um contraponto que possa fazê-lo enxergar com mais segurança o que estamos atravessando e que não conhecemos.

Então, me parece que, em vários aspectos da nossa vida, o comportamento é paradoxal, buscando sempre os extremos. Vivemos dos contrários: se tudo fica muito veloz, prezamos o lento como se fosse um remédio para suportar a mania do *fast*. Se tudo fica muito tecnológico, buscamos o subjetivo, o que não é muito lógico e racional, e nos apegamos ao místico. Buscamos a cura de um extremo na outra ponta da régua, na esperança de conquistar o equilíbrio.

E você verá que nosso comportamento típico tem muito mais dessas contradições em várias outras áreas: nas artes, na música, no design, na moda. São vários outros paradoxos numa era de busca de equilíbrio entre os extremos.

"Não importa o que você estiver oferecendo a outro ser humano — um produto, um serviço, um candidato político, um plano, uma questão de interesse público, uma visão do divino, você próprio — só será bem-sucedido se satisfizer tanto a agenda funcional imediata quanto a necessidade onipotente de resgate, prazer, e a elevação da maltratada psique humana." *Melinda Davis*

O próximo paradoxo que lhe apresento reforça também esta tese: seguimos como uma manada cega em uma direção e começamos a ter necessidade de voltar ao ponto de partida para reafirmar nossa caminhada. Como se voltássemos ao ponto de partida para entender por que passamos a caminhar na direção que estamos caminhando. Uma espécie de reafirmação da rota.

O **paradoxo do futurismo** e do apego **ao passado**

Diga rápido: o que é moderno para você? Vamos lá! Arrisque alguma coisa, tente! O que é, em geral, moderno para você?

Se você tem dificuldade para responder, eu não o culpo. Na verdade, está muito difícil para qualquer um que não seja profissional da indústria da moda dizer o que é moda. Tudo pode ser moda. Se você não é do ramo, terá a sensação de que moda hoje em dia pode ser qualquer coisa remixada do passado, qualquer coisa de que se possa fazer releitura, revisitar, copiar, redesenhar, requentar. Você encontra "inspirações" e "releituras" de todas as décadas passadas. Qualquer coisa que se possa revisitar vale. E se você arriscar uma definição dizendo que o moderno hoje é uma visita ao passado, não estará errado. Por quê? Porque também aqui vivemos um paradoxo. O paradoxo do futurismo e do apego ferrenho ao passado. Simplesmente estamos cada vez mais futuristas em tudo, mas, ao mesmo tempo, nunca estivemos tão apegados ao que já vivemos.

O **design atual** que era *up-to-date* para a **sua avó**

Observe o design em volta de você e constate o que é moderno na sua casa. Olhe para a famosa cafeteira Nexpresso da Nestlé e repare no seu desenho. Você verá ali o traço do design dos anos 1950. Ultramoderna na concepção de cápsulas de diferentes *blends* de café italiano, mas com o design inspirado nas antigas cafeteiras. Veja o moderno liquidificador da Brastemp na sua linha mais top e você encontrará uma peça com copo de vidro canelado, como tínhamos em 1950 e 1960. Repare em equipamentos de áudio que simulam itens clássicos do design dos anos 1950 com tecnologia de ponta.

Muito **cromado** e **cores** como **no passado**

Veja o fogão Viking que eu mencionei neste livro como o preferido dos gourmets e repare no design: cara de industrial antigo. Nas cozinhas mais caras e nos utensílios, você encontrará muita coisa do passado que é ultramoderna hoje. Observe o design das moderníssimas panelas francesas Le Creuset. Você as encontra nas cores vermelha, laranja e azul, sempre com design retrô de panelas antigas da nossa avó, mas com preços de peças exclusivas hoje. Panelas de barro, de pedra, de ferro fundido. Panelas e utensílios esmaltados como antigamente. Veja a batedeira vermelha e cheia de cromados, e toda a linha KitchenAid, e você terá uma volta ao passado com um design que mistura os estilos industrial e antigo.

Seu **carro atual** do **passado**

Repare no design dos carros que refletem muito bem os anos 1950 e 1960. Pegue os modelos caros e veja muito alumínio e aço escovado, cromados por todo lado. Couro cinza, bege ou branco nos modelos luxuosos, couro alaranjado com costura contrastante, como nas bolas de beisebol da década de 1950, nos modelos esportivos top de linha.

Mas observe também os lançamentos de carros com preços médios. Note o design mais arredondado, as peças em alumínio, aço escovado, detalhes internos imitando madeira, como nos clássicos do passado. Veja o design futurista/retrô do novo Uno (já não tão novo), da Fiat, e constate releituras do design à comunicação. Então, volte aos anos 1960 e 1970, com a tentativa de emplacar a moda de carros de muitas cores diferentes. Veja o que é o design do carro Mini Cooper. Todo ele é um retorno ao passado.

Seu **sofá moderno** dos anos **1960**

Pegue uma revista de decoração e confira as releituras. Constate o que é moderno hoje e você terá todo o passado de volta, com sofás com pés palito, couro sintético brilhante e luminárias com cúpulas em alumínio colorido em várias cores pastel. Boa parte da criação premiada de design em Milão o leva diretamente aos clássicos dos anos 1950 e 1960.

Seu **terno** e seu **cabelo** dos anos **1950**

Selecione imagens dos anos 1950 e 1960 e compare com as vitrines de lojas de ternos masculinos. Você vai constatar que voltamos ao passado com ternos de três ou quatro botões, estampas como a de risca-de-giz sobre azul-marinho, em modelagens muito ajustadas, que são a cara das roupas dos Beatles. Olhe os mais jovens e note a força dos bonés com estampas antigas das equipes americanas de beisebol dos anos 1960. Veja a estampa da camisa do seu filho e repare no desbotado antigo — letras desgastadas, estampas com cara de velhas.

Observe também a aparência dos modernos e você verá a volta do bigode, do cavanhaque, das costeletas, dos cortes de cabelo que seu pai usava. Repare no vestuário feminino e você verá todas as releituras inimagináveis, desde os clássicos de Coco Channel até a geração disco dos anos 1970. Estampas, propostas, combinações, paleta de cores. Tudo revisitado. Um apelo moderno e futurista, mas mergulhado num passado que teima em ficar entre as décadas de 1950 e 1970.

A **moderna camisa** da seleção canarinho

Veja a proposta de uniforme atual da seleção brasileira de futebol e pronto. O retrô está lá também. As camisas têm todo o design das antigas camisas da "seleção canarinho" dos anos 1960. O design com cara de retrô também está na maioria dos uniformes das outras seleções. Se você viajar pela companhia aérea Azul, terá a impressão de que está viajando no tempo, literalmente. O uniforme e todos os detalhes da vestimenta do pessoal de bordo... adivinhe? Exatamente, seguem linhas do passado. Têm cara de anúncio da Varig na extinta revista *O Cruzeiro*. A fonte: os anos 1950 e 1960.

Futurismo e **nostalgia**

Observe as tendências de construção e atente para a predominância de madeira de demolição nos projetos. Você encontra também muito tijolo de barro antigo. Quanto mais aspecto de antigo, melhor. Madeira sem brilho, judiada como se fosse relíquia de antiquário. Materiais com história, com significado. Tijolos expostos, sem tratamento. Madeira sem verniz para ficar com cara de castigada pelo sol. Você vê o rústico e o antigo do material com história ao lado da ultramoderna tevê 3D na mesma parede. Muito futurismo e muito resgate dos elementos do passado.

O que é moderno? Casas e coberturas de prédios com forno de barro e fogão a lenha. Condomínios? Com lugar para fazer fogueira e sentar em torno (mesmo que o fogo seja a gás). Casa na árvore para as crianças brincarem como no passado.

Acabei de comprar uma enciclopédia *Barsa*

Confesso a você: acabo de comprar uma enciclopédia *Barsa*. Ainda não recebi, mas já fechei o negócio e espero ansioso para colocá-la na minha biblioteca. Estou muito feliz com a aquisição.

Se você tem menos de 30 anos, não sabe o que é isso, então eu explico: uma enciclopédia é uma Wikipedia de papel, um Google encadernado, se você preferir. Entendeu? Uma enciclopédia é uma coleção de grandes livros com capa dura nos quais você pode procurar temas, expressões, casos importantes, descobertas científicas, fatos históricos e o que tiver curiosidade de saber na época. A gente acreditava que, se constava na enciclopédia, era verdade, então era importante saber. Costumávamos dizer que uma pessoa que sabia muito era uma "enciclopédia viva", ou dizíamos que pessoas cultas tinham "conhecimento de enciclopédia". Entendeu o que era?

Antes do Google, era o que as crianças utilizavam quando precisavam fazer pesquisa para um trabalho escolar. Só não havia Ctrl C + Ctrl V, você tinha de escrever à mão no seu caderno ou datilografar numa máquina de escrever, quando o trabalho era "para entregar". Isso dava um pouco de trabalho.

Funciona como um dicionário, só que com descrições bem mais completas, e alguns verbetes têm até ilustrações e fotografias. Basta pegar os volumes que estão organizados em ordem alfabética e procurar o verbete de que você precisa como num enorme dicionário. Só que você não digita, folheia!

Nossa família comprou uma quando eu tinha uns 9 ou 10 anos. Minha mãe dizia que era nosso grande patrimônio. Eram 12 volumes e cobriam quase toda a parte de cima da nossa estante na sala. Ela dizia que nos deixaria de herança, porque era o nosso único grande bem. Meu pai passou a comprar mais um volume por ano, todo ano. Era uma forma de atualizar a enciclopédia quando as mudanças começaram a ficar velozes — uma vez por ano você recebia um novo exemplar, que atualizava as informações e dava uma síntese do que de importante tinha acontecido naquele período. Passados alguns anos, a própria Barsa entendeu que não conseguiria mais atualizar as coisas. E começou o declínio do valor das enciclopédias.

Descobri que agora eu precisava

Não sei mais onde a nossa enciclopédia *Barsa* daquela época foi parar. Quase 40 anos depois, e muitas mudanças da família, separações e tudo mais, deve ter ficado por aí, perdida em algum canto. Certamente a deixamos pelo caminho ou devemos ter dado para alguém porque acreditamos que ela já não tinha valor na nossa vida. Havia ficado velha, defasada, inútil. Acho que pensamos: nesses tempos de Google e de Wikipedia, quem precisa de 12 volumes de uma enciclopédia *Barsa*?

Pois cheguei à conclusão inversa. De que eu preciso ter uma enciclopédia *Barsa* de novo na minha vida. Por quê? Porque agora é *cult*. Porque fiquei pensando nisso desde que li uma notícia de que parariam de imprimir enciclopédias de papel porque ninguém mais as quer comprar, pois agora é tudo digital. Então, senti que era a hora de ter uma dessas de volta na minha casa. Pensei em mostrar para os meus filhos pequenos agora e guardá-la com todo o cuidado para mostrar aos netos daqui a alguns anos — a última edição de uma forma "primitiva" de fazer pesquisas.

Minha **nostalgia** do **passado**

Um efeito forte de nostalgia me dominou e saí atrás da pessoa que ficou por quatro ou cinco anos me oferecendo para comprar e eu dizendo não. Quem tentava me vender era um tio muito querido da minha mulher. Desde que anunciaram que iriam parar de produzir, ele não a vende mais e se dedica a outras atividades. Como bom vendedor, ele se esmerava em argumentos e eu dizia: "Quem precisa de uma enciclopédia nesses tempos digitais?" E ele argumentava que viria junto um DVD, que era complemento e coisa e tal. E eu dizia que não conseguia compreender por que deveria comprar um monte de livros e levar como anexo um DVD. Era melhor só me vender o DVD. E, com isso, minha resposta era sempre não. Agora eu estava envergonhado de ligar para ele e dizer que havia mudado de ideia. Falei com a dona Lia, minha sogra, para interceder por mim na aquisição. Ela fez. Ele me ligou logo em seguida.

Ele não deve ter entendido nada depois de ter ficado todos esses anos ouvindo minhas negativas. Mas assim mesmo, muito gentil e prestativo como sempre, não perguntou o porquê da minha mudança de atitude. Na mesma hora, acionou a empresa e encaminhou a demanda para mim. Já assinei o contrato e devo recebê-la em breve.

Agora **não quero** mais o **DVD**

Agora me lembrei do DVD que vem junto com os livros, conforme ele disse. Mas não pretendo nem colocá-lo no computador para ver o que tem. Vou jogá-lo numa gaveta qualquer porque não me interesso mais por ele. Sim, quero os livros. De DVDs estou cheio. Quero o diferente. Quero os livros.

Quero ter o prazer de novo de manusear aqueles grandes volumes, pesados, com capa dura vermelha e frisos em dourado na lombada. Quero poder folhear cada volume e reviver essa experiência com enciclopédias como eu tinha na minha infância. Isso agora tem muito valor para mim. Quero poder mostrar aos meus filhos como se fazia lição de casa e como "pesquisávamos" sem o Google. Enfim, quero curtir a nostalgia de ter uma enciclopédia de novo em casa, como eu tinha na infância.

Você entende melhor agora o paradoxo que vivemos entre futuro e passado?

Muita **tecnologia** e a **nostalgia do simples**

Cozinhas de casa? Como havia antigamente — grandes, o centro das atenções para receber visitas. Tudo à mostra. Muita tecnologia e muita textura que resgatam a simplicidade do passado. Que resgatam a casa antiga dos nossos avós. As vigas aparentes de madeira no telhado, a madeira de demolição, a pedra bruta, o ladrilho hidráulico com cara de antigo, o tijolo de barro maciço aparente, o tecido orgânico, a decoração com panelas penduradas, jarrinha de vidro com flores do campo sobre a mesa, altar com imagens de santos, garrafa de vinho vazia improvisada como castiçal de velas, toalha xadrez, cortininha de renda. Quadros e móveis com pátina. Móveis de antiquário com madeira desgastada. Antigas peças de armazém de rua. Geladeira de bar antigo com pequenas portas e puxadores horizontais de aço cromado.

O **paradoxo da obsessão** pelo novo e a **nostalgia do passado**

Se você reparar, esse comportamento começou por volta dos anos 1990 e foi se intensificando até chegar à predominância que temos hoje. Primeiro foi adotado pelos muito modernos e aos poucos foi atingindo a classe média. O resgate foi ficando mais intenso e abrangendo mais áreas, até estar presente em quase tudo: da fotografia P&B aos muitos anúncios na televisão, na textura dos filmes, nas fotos de criança que as pessoas usam para se apresentarem no Facebook. Foi do design na moda ao mobiliário, da indústria automotiva aos equipamentos eletroeletrônicos, da arquitetura à decoração de ambientes. Enfim, permeou tudo. E a percepção é de que estamos cada vez mais adiante, viajando com transmissões de dados instantâneas pelo corpo, com *smartphones* cada vez mais poderosos e, estranhamente, cada vez mais apegados ao passado.

Por quê? Por que avançamos e sempre voltamos nesse futuro-passado-futuro-passado? Existem várias teorias que eu gosto de citar quando trato desse assunto com meus clientes e nas minhas palestras. Divido com você aqui algumas delas.

Um **mergulho no passado** em busca das minhas **próprias referências**

Uma dessas teorias diz respeito ao resgate que muitos designers criativos estão fazendo da sua própria infância e transformando em "moda atual". Gente que domina as artes, a moda, a fotografia, a arquitetura, o design, e que está fazendo uma volta ao passado. Um resgate do seu próprio mundo emocional, formado até os 7 anos de idade. Se você observar, esses profissionais estão no topo de suas carreiras. Algo que se consegue lá pelos 50 anos em várias dessas profissões. Assim, esse pessoal nasceu entre o final dos anos 1950 e o meio dos anos 1970. Justamente o período que mais vemos sendo resgatado no design em quase tudo o que compramos.

A teoria diz que esses formadores de opinião — que têm o poder de criar a maioria das coisas que nos chega às mãos — fazem um mergulho atrás de coisas diferentes e encontram na sua infância os elementos que podem ser revitalizados, resgatados, relidos e adaptados.

Assim, temos um mundo de futuro baseado no passado de quem dita a moda que estamos vestindo, o desenho da geladeira moderna ou do carro recém-lançado. É uma forma de olhar que acredito que tenha um bom fundamento e que talvez seja responsável por boa parte dessa onda de futurismo sempre ancorado no século passado. Faz sentido para você?

Instintivamente buscando ancorar na metade

Existe outra teoria para explicar esse paradoxo que defende a ideia de que instintivamente buscamos algo para nos agarrar. Um número. Um período. Algo que conhecemos muito, que serve como uma âncora e que nos proporciona segurança. Como se fosse uma espécie de referência lógica. E os anos 1950 seriam exatamente a metade do século passado e um bom motivo para estar sempre no centro de tudo — como referência para a criação do que é muito moderno hoje. Faz sentido também para você? Então veja a lógica proposta por trás desse viés.

Nos anos 1990, um americano chamado James Rosenfield defendia essa teoria dizendo que a cada virada de século temos um grande receio do desconhecido. Na última e na primeira décadas em torno de cada virada de século, o homem tem mais ou menos as mesmas reações e busca no passado a segurança para atravessar esse período de "turbulência" frente ao desconhecido que está por vir.

Assim, nesta virada de século, que para nós coincidiu com a virada do milênio, nos agarramos com muito mais força a esse comportamento padrão e acabamos intensificando tudo. Temos hoje um design futurista que é totalmente a cara do meio do século passado. Isso se iniciou nos anos 1990 e já perdura por mais de 20 anos. Se você analisar a força desse comportamento paradoxal em nossa vida, essa teoria talvez possa ter uma boa dose de verdade. E é no mínimo interessante para refletirmos sobre o forte paradoxo entre o futurismo e o resgate do passado.

A teoria dos **anos 1950** como **símbolo de uma nova era**

Mas existe ainda uma terceira teoria e, confesso a você, é uma das que mais gosto. Ela diz que os anos 1950 não representam só a metade do século, mas são mais do que isso. Esses anos marcaram um período muito importante no comportamento da sociedade porque, de certa forma, tinham algo que não temos mais hoje: modernidade com uma simplicidade que funcionava, que bastava. Eu explico melhor. Após a Segunda Guerra Mundial, no final dos anos 1940, o mundo precisou curar as feridas causadas pela destruição do massacre nazista. Um período negro da história que precisava ser esquecido. O mundo precisava se reinventar como mundo e a indústria teve um papel crucial nisso. Os anos 1950 foram a marca dessa transformação. A transformação do homem em torno de uma nova era de paz e, consequentemente, de "uma volta ao lar".

Tudo o que temos hoje e que consideramos como "conforto doméstico" foi inventado por volta dos anos 1950 pela indústria americana, que precisava se reinventar. A maioria dos eletrodomésticos e das "novidades para o lar" surgiu desse esforço de reconstrução da indústria em torno da família, do conforto do lar e do período de explosão demográfica conhecido como *baby boomer*.

A televisão ganhou larga escala nos lares. Surgiram as batedeiras elétricas, que economizavam o tempo da mulher na cozinha; o forno elétrico; o liquidificador; a geladeira; a máquina de lavar roupas, a de lavar pratos e o máximo da modernidade: o controle remoto.

O **simples que funcionava** é um **bálsamo** para os **dias de hoje**

O importante dessa teoria e que nos liga ao paradoxo do futurismo e do apego ao passado é que nesse período as coisas eram simples e funcionavam. Hoje isso surge em nossas mentes como um bálsamo, num mundo cada vez mais neurótico, estressante e congestionado.

A ideia que melhor resume isso é a imagem de um aparelho que permanece com grande utilidade em nossa vida: o controle remoto da tevê. Continuamos com ele nas nossas salas (muitos deles), com a diferença de que nos anos 1950 eles não tinham nem meia dúzia de botões e faziam o que tinham de fazer. Hoje temos controles com 50/60 funções e não conseguimos fazer muita coisa porque estamos sempre muito tontos com tantas tarefas. O mesmo acontece com o liquidificador. Ele tinha apenas um botão central: liga e desliga. E apenas com isso você fazia o que precisava fazer. Hoje nem todo mundo consegue, mesmo com muitos botões, programas e manuais explicativos.

A imagem que vem dos anos 1950 é de um período em que tínhamos praticamente as mesmas coisas que temos hoje, mas elas eram simples e funcionavam. Hoje temos tudo, mas temos também toda a complexidade que decorreu desse "tudo".

Então, no fundo das nossas lembranças e na mente de quem tem hoje em torno de 50 anos (designers, músicos, cineastas, fotógrafos, escritores, artistas e toda a gente que influencia a gente), o período dos anos 1950 surge como referência de uma era especial. Um período que gostaríamos de trazer de volta para a nossa vida. Mesmo fazendo releituras como fazemos agora.

> "Na década de 1920, um aparelho de rádio encaixado em plástico Bakelite era considerado high tech. Hoje, é nostalgia high touch." *John Naisbitt*

O conceito *high tech*, *high touch*

Outro paradoxo definitivo deste nosso período é o que o americano John Naisbitt definiu como *high tech* **versus** *high touch*, numa brincadeira entre a dualidade de querermos a alta tecnologia e também o "toque humano" de volta. *High tech* para ele é todo o hardware à nossa volta, as bugigangas tecnológicas e as não tecnológicas, as siglas, os termos, as cifras, as tabelas, os cálculos, como também as máquinas. *High touch* é, nas palavras dele, "abraçar as energias primordiais da vida e da morte. *High touch* é abraçar tudo aquilo que se reconhece como maior que nós".

O paradoxo, que era citado apenas como uma das tendências dos anos 1990 em um de seus livros, acabou se transformando numa teoria ampla e título de uma de suas obras seguintes, no início dos anos 2000. A teoria de Naisbitt é muito densa e profunda. E eu não teria competência nem espaço para abordá-la aqui. Por isso, deliberadamente pego o viés, a essência que nos mostra o comportamento contraditório, a dualidade estranha que está muito mais forte desde a década de 2000, quando ele cunhou a expressão *high tech*, *high touch*.

O paradoxo *high tech* versus *high touch*

O paradoxo atual que descrevo a você mostra a nossa aparente contradição e a dualidade entre a obsessão constante por adquirir novas tecnologias e a necessidade cada vez mais imperiosa de resgatar o contato humano, o carinho, o aperto de mão, o olho no olho, de resgatar a ideia de colocar gente de novo por trás das máquinas.

Com tecnologia, mas se possível também com gente

Gostamos de tudo o que possamos fazer de forma remota para solucionar nossos problemas cotidianos. Queremos desde as soluções mais simples, como tele-entregas, até a possibilidade de a qualquer hora da madrugada e em qualquer lugar do mundo acessar nossa conta bancária e fazer as transações de que precisarmos ou que quisermos.

Queremos comprar on-line a qualquer hora e resolver o que tivermos de resolver com alguns comandos e cliques no nosso *tablet* ou *smartphone*. Queremos tudo rápido. Queremos a mais alta tecnologia sempre. Queremos na maior velocidade possível. Mas, de novo, paradoxalmente, queremos também, se possível, ter uma voz do outro lado (humana, real) para podermos falar.

Vá imediatamente para o número 9

Pense sobre a nossa relação de amor e ódio com os menus eletrônicos de muitos bancos, operadoras de telefonia e de tevê a cabo e você vai entender muito bem do que estou falando. Boa parte das pessoas tem o hábito de, logo após entrar no menu, tentar ir direto para a opção "falar com uma de nossas atendentes". Muita gente vai sempre ao número 9, que geralmente, nos menus no Brasil, é onde está a opção de falar com a atendente.

Por quê? Porque não gostamos de falar com "robôs" nem com secretárias digitais ou com vozinhas de mulheres *fake*. Nos incomodamos muito com isso. Passa a impressão de que quando a secretária é eletrônica, o nosso problema não será resolvido como gostaríamos que fosse. Precisamos explicar para alguém que seja "do nosso mundo". Então, simplesmente não gostamos. Na verdade, odiamos todos eles. Queremos falar é com gente "de carne e osso" do outro lado, mesmo que ela não consiga solucionar o problema e esteja nos atendendo num *call center* na Índia. Mas a sensação é de que somente seremos ouvidos se do outro lado da linha estiver alguém de verdade. Até porque muitas das vezes que ligamos para *call centers* é apenas para ser ouvidos por alguém.

Não adianta tentar me enganar. Nada feito

Repare que alguns dos softwares desenvolvidos por gigantes que operam *contact centers* já tentaram de tudo em termos de gravação digital. As gravações são extremamente gentis em tudo o que respondem: sim, senhor; não, senhor; só um minuto, senhor; obrigado por nos aguardar, senhor. E nada feito. Tentaram gravações mais leves, com atendentes eletrônicas que falam gírias como se fosse a sua filha adolescente. Nada feito. Também tentaram gravações bem-humoradas, que brincam a cada comando solicitado. Nada feito. Pior, você fica com mais raiva ainda a cada piadinha que a gravação faz enquanto você aperta botões e não resolve o seu problema. Por quê? Porque continuamos odiando todas elas e querendo ir direto para a opção 9.

Nosso comportamento paradoxal

Você pode observar que quanto mais tecnológica fica a sociedade, mais passamos a dar importância ao humano. Este é o paradoxo sobre o qual precisamos refletir e que tem forte impacto no comportamento, no consumo e no mercado. Por isso ele é um dos mais importantes desta terceira parte do livro. Veja a ligação dele com os paradoxos anteriores e você encontrará em todos os outros um traço que nos traz até este — a ideia de uma relação estranha entre dois desejos: viver tudo o que a tecnologia pode nos propiciar, mas sempre que possível resgatar aquilo que para nós continua sendo muito importante, ou seja, nossas raízes.

Observe que em todos os paradoxos a dualidade representa comportamentos distintos, mas que tratam mais ou menos do mesmo tema: muitos amigos virtuais *versus* solidão física; interesse pelo distante *versus* desinteresse pelo que está próximo; futurismo *versus* resgate do passado; alta tecnologia *versus* resgate do humano e do essencial para a nossa vida.

Parte final

" A marca é o somatório do bom e do ruim, do feio e do que não faz parte da estratégia. É definida tanto pelo seu melhor produto quanto pelo pior. É definida tanto pela propaganda premiada quanto por aqueles anúncios péssimos que de algum modo se insinuaram pelas frestas, foram aprovados e, como era de se esperar, mergulharam no esquecimento. É definida tanto pelas realizações do seu melhor funcionário — aquele que se destaca e nunca faz nada de errado — quanto pelos percalços do pior empregado que você podia ter contratado. É definida também pela sua recepcionista e pela música que os seus clientes ouvem enquanto esperam ao telefone. Para cada grandiosa declaração pública do CEO, com palavras escolhidas a dedo, a marca é definida também pelos comentários negativos de um consumidor, entreouvidos em um corredor ou em uma sala de bate-papo na internet. As marcas absorvem conteúdo, imagens, sensações efêmeras. Tornam-se conceitos psicológicos na mente do público, onde podem permanecer para sempre, Como tal, não se pode controlá-las por completo. No máximo, é possível orientá-las e influenciá-las. "

Scott Bedbury

R e f l e x õ e s

capítulo 09

O VALOR DO SIGNIFICADO
PARA AS MARCAS ou COMO SE DIFERENCIAR NO MEIO DO REBANHO DA MEDIOCRIDADE CORPORATIVA

> " Reputação, reputação, reputação —
> a única parte imortal do homem. "
>
> *Otelo*

Já afirmei em várias partes deste livro, mas não tenho como trabalhar nesta parte final sem resgatar a ideia central de tudo o que discutimos desde o início: o fator SIGNIFICADO e o seu poder de gerar valor para as marcas.

E é nesta parte do livro que quero unir todas as outras. Quero unir os primeiros capítulos — que falam mais de paixão, emoção e de propósitos nas marcas pessoais — com a segunda parte, que aborda uma sociedade do excesso, congestionada de promessas que nos fazem perder a noção de muitas coisas, e com a terceira parte, que fala de comportamento, com suas estranhezas e seus paradoxos.

Na estrutura do livro, minha ideia central foi iniciar falando de inquietações dirigidas a você e a sua marca pessoal — significado na/da sua vida; depois contextualizar o cenário do mercado, de uma economia sem diferenciais e das consequências sobre o consumidor e nas nossas vidas; depois oferecer alguns caminhos por meio do estudo dos paradoxos e do comportamento e, agora, propor saídas estratégicas para lidar com isso, tanto na gestão da sua marca pessoal como na gestão das marcas que você tem a responsabilidade de dirigir ou gerenciar.

Nesta quarta e última parte do livro, meu objetivo é consolidar algumas teses que venho defendendo desde o prólogo sob diferentes ângulos.

PRIMEIRO, a sociedade está congestionada demais com seus números gigantes, dados exponenciais e argumentos racionais para mais uma tabela de Excel fazer diferença na cabeça do consumidor. Esqueça! Só vai causar mais dor de cabeça aos seus consumidores. Acredito que cada vez mais a porta para um diálogo relevante com o consumidor será pelo lado direito do cérebro — o da emoção. É a porta que talvez ainda tenha alguma fresta aberta, desde que o que você venha a falar seja relevante e faça SENTIDO na vida do seu público.

Defendo também que a sociedade, já saturada com dados pelo excesso de informação (e pelo ruído das muitas mídias), está se protegendo e ficando cada vez mais seletiva, mais sensitiva, mais intuitiva, mais espiritualizada e mais feminina. Isso é ótimo para as mulheres e muito bom para as marcas que estão construindo um lastro emocional — fora da arena do oportunismo do preço e da promoção. Porque as decisões deste século serão muito mais influenciadas pela emoção do que pela razão. Como Kevin Roberts diz em seu livro *A emoção das marcas*: "A diferença essencial entre emoção e razão é que a primeira leva à ação, enquanto a segunda leva a conclusões".

SEGUNDO, pela complexidade do cenário num ambiente de hipercompetição como o que estamos vivendo, você não vai vencer fazendo a mesma coisa que sempre fez. Pode acreditar. Seja lá o que você fez que deu certo, já são glórias passadas e a esta altura já é de domínio público. Seu concorrente deve estar pensando em fazer porque deu certo para você. Então, esqueça.

Agora você terá de fazer algo diferente. De preferência contrariando a lógica sagrada do mercado no seu segmento. Talvez até contrariando a sua própria lógica profissional. Por que não? Use o bom senso do aprendizado com os sucessos e fracassos do passado. Mas apenas como referência, como bagagem, como lastro moral. E pare de se agarrar nesse mesmo passado.

Não dirija a sua vida nem a gestão da sua marca olhando pelo retrovisor. Isso é tão perigoso como dirigir um carro assim. Você precisa equilibrar passado e futuro, mas considerar que a atenção maior deve ser para o vidro da frente, para o que você ainda não fez. Por isso, não se conforme nem se acovarde. Simplesmente encontre uma maneira de fazer diferente. E, com isso (sem trocadilhos), faça a diferença.

E acredite: o valor sempre esteve e sempre estará na diferença. Os iguais estão cada vez mais condenados a tornarem-se invisíveis em meio ao rebanho da mediocridade de mercado. A lei é a seguinte: quanto mais igual, menos valor.

Como fazer, então? O valor será proporcional à sua capacidade de aliviar o estresse do consumidor na hora de decidir. Isso exige que você se distancie de tal forma dos seus concorrentes que fique fácil encontrá-lo e escolhê-lo. Simples assim. Para isso é necessário FOCO. Ter foco exigirá que você faça escolhas o tempo todo, e principalmente se concentrar nas escolhas dolorosas que o fazem abrir mão de alguma coisa. Você precisará decidir mais sobre o que **não fazer** do que sobre o que fazer.

TERCEIRO, minha tese central é de que muito em breve chegaremos (já estamos chegando) a um ponto em que o consumidor conseguirá decidir tecnicamente muito pouca coisa em sua vida. Porque tudo ficará muito igual para quem não é especialista. Tudo ficará muito equalizado, muito parecido em termos de tecnologia, de funcionalidades, de padrões e de qualidade. E aí o consumidor vai precisar de alguma coisa em que ele acredite muito para confiar e lastrear sua decisão. E eu não tenho nenhuma dúvida de que, nesse momento, o único guia para o consumidor poder tomar uma decisão será a marca e o que ela representa para ele. Este será o diferencial definitivo, algo que nenhum concorrente seu poderá copiar: o significado e o propósito da sua marca. E é sobre isso que vamos falar mais agora.

O **caminho da diferenciação** pode estar no **significado**

Esta é a minha tese central: que o SIGNIFICADO possa ser o **caminho para a diferenciação** e para a construção de valor das marcas. Nessa tese, teremos um cenário cada vez mais competitivo e no contexto extremo do *brand management,* as velhas fórmulas que funcionavam muito bem até bem pouco não funcionarão mais. Por quê?

Porque o contexto da competição mudou. Desculpe lhe avisar só agora, mas este é outro jogo. Este novo jogo tem novas regras para serem jogadas (ou quebradas).

Mudou a velocidade e mudou a instantaneidade com que a tecnologia é compartilhada por todos. O cara da esquina copia tão rápido quanto você consegue copiar o design do líder. Assim, num piscar de olhos tudo vai parar no tabuleiro do camelô.

Os **pequenos ganhos** só **consomem energia**

Os pequenos ganhos e as pequenas vantagens competitivas técnicas que você consegue logo serão alcançados pela concorrência. E aí você é alcançado de novo. Não existe mais chance dessa forma. Há muito desgaste e pouco resultado nisso. A tentativa de diferenciação por pequenos avanços incrementais já não diferenciam e, a meu ver, mais confundem que ajudam na hora da decisão de compra. Lembra-se da nossa discussão sobre os muitos benefícios dos iogurtes, onde mostrávamos os efeitos da divergência? Lembra-se da confusão com aquele monte de pequenos benefícios funcionais que nos deixa desnorteados na hora da compra? Lembra-se dos 2% a mais de qualquer coisa + outra coisa + outro benefício? É isso que eu acredito que consome energia, consome investimentos, acaba não diferenciando e confunde mais que ajuda. Em alguns setores, essa guerra de múltiplos microbenefícios (quase invisíveis) beira a insanidade. Esses minúsculos benefícios acabam virando paisagem na mente do consumidor. Como ele escolhe? Quando está à frente dessa situação (muitos benefícios confusos que não se sabe como avaliar), ele toma decisões irracionais: por exemplo, comprar pelo "gostinho" (é como ele chama sabor!); ou decide com base na confiança, optando apenas pela marca.

É preciso algo **realmente transformador**

Então a sua marca precisará de algo que seja diferenciador, que seja realmente transformador — que pode estar muito além do que você fabrica ou dos serviços que prega.

É AÍ QUE ENTRA O SIGNIFICADO DA SUA MARCA. O que a sua marca representa na mente do seu público. Algo que esteja no *core* do seu negócio, no centro das suas melhores competências. Algo que já está na genética, no DNA da sua organização. Algo que esteja impregnado nos seus valores e que você pode transformar no motor do negócio se puder reunir tudo isso — com muita coerência — em torno de um mesmo propósito.

E que esse propósito seja transformado numa bandeira que permita que sua marca torne-se maior que seus produtos e serviços. Uma bandeira que possibilite que você seja percebido como um "estranho" em meio aos seus concorrentes. Que o diferencie a ponto de os concorrentes o colocarem no extremo oposto do segmento, dizendo que você já não é mais um deles. Ótimo!

Uma bandeira que possa unir toda a empresa em torno de um mesmo posicionamento mercadológico e conceitual. Que faça sentido para a sua missão. Que seja muito mais que uma estratégia momentânea. Que seja o foco para os próximos anos. Uma bandeira que seja tão poderosa que possa ser compreendida tanto pelo CEO quanto pela senhora que serve o cafezinho na recepção.

Que seja uma bandeira mobilizadora e ao mesmo tempo transformadora. Mas, muito importante: **UMA BANDEIRA QUE NÃO SEJA SOMENTE UMA BANDEIRA, MAS QUE SEJA O SEU PRÓPRIO NEGÓCIO.**

A sua marca é o seu negócio e o seu negócio, a sua marca

Marcas bem geridas não são entidades "intangíveis" nem estão fora do negócio. Pelo contrário. Marcas bem geridas são cada vez mais ativos tangíveis no coração do negócio. Ativos indissociáveis do negócio. E quando esse trabalho é feito com excelência, não conseguimos mais perceber um sem o outro.

A marca e o negócio tornam-se maiores do que a soma dos dois, isoladamente. Marca e negócio, juntos, indissociáveis, se transformam em algo maior, com um sentido muito mais forte e um SIGNIFICADO que, muitas vezes, transcende o próprio segmento.

Duas marcas que construíram um SIGNIFICADO maior que o negócio em que atuam

Você consegue imaginar o Banco Itaú dissociado da marca Itaú? Eu não. Não acredita? Tente. Você vai ver que não dá. Mesmo fazendo força para pensar no banco, você é envolvido no branding do Itaú. Não conseguimos separar mais uma coisa da outra. Você tenta pensar só na empresa, no negócio, nas instalações do banco e o que acontece no seu cérebro? Vêm imediatamente à mente as cores laranja e azul e todas as associações relacionadas com a marca. E você comprova que não tem como não pensar no banco sem pensar na marca Itaú.

Você tenta dissociar as coisas na cabeça, mas elas se unem de novo. Você pensa no *internet banking* do Itaú e logo vem à mente a imagem do símbolo sendo feito no ar com a mão por uma pessoa. Só de ler essa frase, sua memória resgatou as imagens e você enxergou parte do filme que apresentava essa cena. Uma imagem (e o significado contido nela) que está no cérebro de milhões de pessoas e da qual será muito difícil que um concorrente consiga se apropriar. Você pensa no Itaú e vem a assinatura eletrônica, vêm as cores, vem o tipo de imagem sempre trabalhado, vem o enquadramento padrão da marca, vêm as imagens das pessoas e uma série de associações que não estão mais só na marca Itaú, mas na cabeça dos seus clientes.

Coerência e **consistência**

Quer outro exemplo da força da marca Itaú? Eu lhe falo em um anúncio de revista do banco e você quase me descreve a peça sem tê-la visto ainda. Acredita? Você mais ou menos sabe o que o espera. Terá um rosto de pessoa? Terá a cor laranja de fundo? Terá alguma coisa em azul? Sim. Você já imagina o anúncio sem saber do que é. Tédio e previsibilidade? Para algum gerente-júnior-apressado-de-marketing, sim. Ele diria que a gente já enjoou da cor laranja. Que tal renovar a marca?

Mas não se engane. Isso significa coerência e consistência. Um mantra das marcas bem-sucedidas. Você estabelece um significado e uma série de associações e se agarra a isso com todas as suas forças até que não pertença mais a você. Até que passe a ser de domínio do consumidor.

E aí a marca cristaliza na sua mente o que ela representa. Vira fortaleza em torno das associações e do SIGNIFICADO. Você cava uma trincheira e se afasta dos concorrentes. Fica dono de expressões que o favorecem e suas associações, e com isso fortalece cada vez mais a sua marca. Então, quando você pensa em crédito — que é um componente--chave do "negócio banco Itaú" —, imediatamente seu cérebro categoriza a coisa toda e lhe manda a expressão "crédito consciente" e, de novo, você pensa em Itaú. Nesse momento, você fez uma série de associações mentais e todas reforçaram a coerência e a força do SIGNIFICADO da marca Itaú. E aí você pode até não gostar do jeito do Itaú ou não se identificar com o significado que a marca evoca, mas é quase impossível não considerá-lo entre as suas opções quando pensar em banco.

Verdade em cosmética

Veja este outro exemplo. Você consegue ver a empresa Natura separada da marca Natura? O que acontece quando pensamos em Banco Itaú acontece quando pensamos em Natura. Não dá para dissociar a marca de seus produtos, nem a empresa da marca, ou a marca de sua legião de consultoras. Existe hoje um "design Natura", uma "forma de se comunicar Natura", um "jeito Natura" que ficou muito maior que o negócio. Tudo está intrinsecamente unido em torno das associações provocadas pela marca em cada um de nós e nos milhões de consumidores dos seus produtos no Brasil e no exterior.

Para mim, é um dos mais brilhantes exemplos de marca que conseguiu transformar-se em referência para uma categoria inteira. Isso em um segmento altamente competitivo e que possui um padrão "sagrado" de comunicação internacional, que a Natura resolveu contrariar há muitos anos com a ideia de "verdade em cosmética".

A **coerência de branding** que leva à **liderança do segmento**

Tudo, absolutamente tudo na marca Natura é coerente com seu significado. A marca alimenta o significado dos produtos, e os produtos ampliam a experiência que reforça o significado. Um retroalimenta o outro. Um constrói o significado do outro e todos juntos ampliam sobremaneira a forma como percebemos a Natura.

É um exemplo dos mais concretos de como um posicionamento claro constrói uma trincheira entre a sua marca e a concorrência. E de como a coerência e a consistência em não se distanciar desse posicionamento podem levar a marca aos mais elevados patamares e à liderança do setor.

Esses são apenas dois excelentes exemplos de coerência entre marca e negócio que tornam essas marcas não só líderes, mas referências nos seus segmentos. Exemplos de marcas que eu defino como marcas com SIGNIFICADO. Marcas que representam muito mais que seus produtos ou serviços. Que valem muito mais que seus negócios e que servem de guia no meio do caos de nossa vida como consumidores.

A marca **é o negócio**

Com os dois exemplos acima creio que tenha lhe convencido de que A MARCA É O NEGÓCIO E O NEGÓCIO É A MARCA. Leve a sério essa ideia. Por isso, acho que não existe mais nenhuma possibilidade de você comandar o seu negócio na sala da diretoria no décimo andar e a marca ser gerida por aquele pessoal bacaninha do marketing, lá embaixo. Nada feito. Eu lhe peço que nunca esqueça a ideia de que a marca é o seu negócio e, dessa forma, é importante demais para ser gerida apenas por um departamento, mesmo que seja o melhor departamento de marketing do mundo. A marca é responsabilidade não só do CEO, mas do conselho de acionistas, do pessoal de RH, de compras, do administrativo, do marketing, do TI, de vendas, da senhora do cafezinho, da recepcionista, enfim, responsabilidade de toda a organização. Porque, em cada ponto de contato e de experiência entre a marca e seus públicos, está-se construindo um pouquinho da marca.

Pensar fora da caixa

Por fim, acredite que existe um cenário bem diverso lá fora. Um contexto bem diferente do que aquele com que sabíamos lidar até agora. Os comportamentos são diferentes e com isso o jogo é outro. Não dá mais para jogar da mesma forma. Você vai precisar repensar algumas coisas na estratégia e no seu jeito de jogar. Você sabe muito bem que para tempos diferentes e perguntas diferentes, é óbvio que vai precisar de respostas diferentes.

Neste ponto da conversa sobre fazer diferente, alguém poderia dizer que nestes tempos de hipercompetição, o que precisamos é de "ideias fora da caixa" — o conhecido conceito *outside the box,* de pensar fora dos padrões. Sobre isso creio que precisamos alterar o jeito de pensar, de buscar algum *insight* fora dos padrões, pensar fora da caixa, de trocar urgentemente o *mindset* que nos trouxe até aqui. Porém, eu alerto que o problema atual é bem outro: é encontrar **a caixa para poder pensar fora dela!**

Onde está a caixa? **Você sabe?**

Você sabe onde está a caixa? Porque, sem brincadeira, essa questão é vital para todo o resto. Por quê? Simplesmente não sabemos mais com clareza quais são os "limites da caixa", já que as coisas podem estar sobrepostas. Padrões antigos junto com novos padrões, comportamentos antigos resgatados convivendo com novos, fronteiras antigas com novas, plataformas antigas com novas. Já pensou sobre isso?

O engano do "fora da caixa"

Você se lembra do brilhante empreendimento chamado Second Life? Aquele mundo virtual onde você comprava terrenos e fazia casas, montava uma versão cibernética da sua empresa, abria mercadinhos e fazia lançamento de carros? Lembra-se dele? Casais decoravam elegantemente suas casas e gente famosa apresentava seus novos empreendimentos no espaço virtual. O mundo inteiro falou disso como "uma nova realidade". Tinha até moeda própria. Especialistas falavam em "investimento". Foi considerada a ideia do século.

Devíamos comprar quantos terrenos pudéssemos em áreas valorizadas para não nos arrepender no futuro. Parecia que em alguns momentos havíamos chegado a um outro planeta e que estávamos correndo para fazer a colonização do lugar. Quem estivesse fora dessa onda perderia a maior oportunidade da história da humanidade (afinal, até agora só tivemos este mundo para colonizar). Houve um grande estouro de manada. Gente correndo empolgada com a descoberta mais fora da caixa até então. Todo mundo queria estar lá. Virou febre. A gente se perguntava: por que nós não temos ideias ousadas assim?

E num primeiro momento — para incautos e muita gente deslumbrada com a maravilha da tecnologia —, o Second Life parecia ser a coisa mais fora da caixa que existia. Imagine a sacada: criamos um outro mundo e vamos vender tudo para criar uma nova civilização virtual dominada por avatares! Você se lembra disso?

Surgiram seminários em São Paulo e palestras pelo Brasil afora. Um desses seminários tinha o ridículo título de "Como aproveitar as oportunidades comerciais para a sua marca no Second Life". Eu quase não acreditava no que via na época. Achei que tínhamos chegado ao fundo do poço. Marcas promoviam festas e distribuíam *releases* dizendo que estavam inaugurando seus negócios: revendas, bares, butiques e até versões de farmácias no Second Life. Algo que, contando hoje, parece estupidez. Eu escrevi um *post* na época que ainda está no meu blog e que falava do efeito "manada" e do quão absurdo isso era. Se quiser ler a crítica, acesse www.blogarthurbender.blogspot.com.

Mas se você observasse bem, o Second Life não era nada fora da caixa. Pelo contrário, era a coisa mais dentro da caixa que existia. Um brinquedinho novo e "virtual" com o mesmo "*mindset* viciado" do mundo real. Um branding de mundo tradicional num mundo virtual. Os anunciantes faziam "coisas geniais" como colocar *front lights* para anunciar neste outro mundo. Ou seja, levavam tudo o que há de tradicional para o que se propunha a ser inédito e totalmente diferente. Deu no que deu. Naquele rotundo fracasso. Muitas empresas enterraram rios de dinheiro até perceberem que estavam jogando-o fora. Um *case* do que nunca mais devemos fazer com nossas marcas.

Todas as minhas fichas nesta aposta

Eu aposto todas as minhas fichas que a diferenciação se dará pelo que as marcas passarão a representar nas nossas mentes: **seu SIGNIFICADO e suas associações.** E em nada mais que isso.

Nada fará mais diferença para as marcas do que o seu significado e o que ele evoca na relação com os seus consumidores

Um PROPÓSITO. Uma CAUSA. Uma bandeira que mobilizará, unirá e transformará a relação entre a marca e seus consumidores em torno de um SIGNIFICADO.

Não vejo nenhuma alternativa a não ser esta. Você enxerga mais alguma? Eu não. Porque a tecnologia está equalizando tudo instantaneamente e você não encontra mais diferenças funcionais em quase nada. E aí fica muito estressante ter de fazer escolhas quando não encontramos diferenças e as marcas perdem o seu maior valor. Tecnologia, canais de venda, funcionalidades, meios de acesso, preços e promessas — é tudo muito igual. Tudo meio pasteurizado, meio equalizado no médio, meio morno e estressante, com opções parecidas demais. E este será, com cada vez mais frequência, o estresse do consumidor. **A ironia do estresse da escolha em meio à abundância.**

Porque, como falamos até agora, existe um congestionamento em nossas mentes de promessas iguais (e vazias) das marcas e, em consequência, um crescente estresse ao tomar decisões e fazer escolhas. E a tendência é que isso se agrave cada vez mais. Nesse contexto, o SIGNIFICADO vem como **um alívio,** um **poderoso bálsamo** que **mostra diferenças**, que **sinaliza caminhos** e que nos **ajuda a decidir** no meio do caos e da gritaria vazia das marcas na comunicação.

Então, neste capítulo tenho a oportunidade de mostrar a força que pode ter o propósito e o significado da marca como fator de diferenciação no meio do rebanho corporativo e, por consequência, da transformação da sua marca no mercado. Isso vale tanto para marcas corporativas e de produtos como para marcas pessoais, como a minha e a sua.

Significado como **algo maior**

Quando eu falo em SIGNIFICADO, estou falando em causa, em propósito, em representar alguma coisa, em ir além do seu *core business*, em ser alguma coisa maior que seus produtos e serviços. Falo não só em ser, para o seu público, mais do que a solução de necessidades funcionais, mas também de conquistar o espaço na sua mente e na sua alma, passando a ser guia e referência em questões que vão muito além do terreno mercadológico. **ESSA SERÁ A FORÇA DA DIFERENCIAÇÃO PELO SIGNIFICADO. A DIFERENÇA QUE VOCÊ, COMO MARCA, FAZ NA VIDA DO SEU PÚBLICO.**

As **duas grandes** arenas do **jogo mercadológico**

Acredito que muito em breve existirão apenas duas grandes arenas para a disputa de espaço entre as marcas. UMA ARENA EXIGIRÁ EXTREMA COMPETÊNCIA EM **GERIR CUSTOS** E OUTRA, DIFERENCIADA, EXIGIRÁ EXTREMA COMPETÊNCIA EM **GERAR VALOR.**

Nessas duas arenas haverá dois grandes tipos de marcas. Aquelas que optaram pela guerra sangrenta de preços, numa competição que exige cada vez mais volume e escala e que só terá lugar para meia dúzia de grandes *players* em cada setor; e, na arena oposta, as marcas que acreditaram em outras formas de se perpetuarem com valor entre o seu público: as que passarão a representar algo maior que elas mesmas.

Marcas que irão além de seus **produtos** e **serviços**

Ou seja, na arena da geração de valor, marcas que conseguirão provar ao consumidor que são mais do que os produtos que fabricam ou os serviços que prestam. Serão marcas que estabelecerão um SIGNIFICADO para embasar a relação com seu público. Serão marcas diferenciadas não pelos seus slogans moderninhos, pelo design dos produtos e das embalagens, pelos pontos de venda encantadores ou pela competência na diferenciação da sua comunicação. Não. Serão marcas que surgirão como enormes **símbolos do norte a ser seguido** — bandeiras tremulando sobre a imensa massa, sinais luminosos e toques de tambores para nos guiar nas noites escuras —, apontando o caminho para todos nós em meio ao imenso rebanho de marcas que não oferecem mais nada além do que produzem.

Marcas com propósitos e atitudes
em torno de **causas**

Serão marcas que se diferenciarão pelos valores que pregam e pelas atitudes que tomam frente aos temas corriqueiros da minha e da sua vida nas grandes cidades. Como também frente aos grandes temas e problemas do mercado de consumo, da sociedade, do mundo físico, espiritual e psíquico de seus consumidores.

Serão marcas com propósitos muito claros e bem definidos, em que seu público, além de consumir seus produtos e serviços, será convidado a estar mais próximo dela em torno de uma causa comum. E assim cerrarão fileiras em sua defesa, numa relação de mútuo crescimento que se estenderá para muito além dos benefícios funcionais ou emocionais que o seu portfólio de produtos e serviços venha a oferecer.

Marcas que **atuarão** de forma colaborativa

Serão marcas que terão coragem de defender causas que afetam toda a sociedade e a si mesmas, e que através do ativismo destas, farão as causas públicas (da marca e de seus consumidores) ganharem corpo, visibilidade e força para atingir um número muito maior de pessoas. E, quem sabe, por essa força conquistada, tornar-se-ão responsáveis (marcas e seus consumidores) por grandes transformações sociais, articuladas conjuntamente e de forma colaborativa entre todas as partes.

Marcas **voluntárias** que nos mostrarão **o caminho**

Serão marcas voluntárias engajadas com causas do terceiro setor que terão implicações sociais afetando/envolvendo/comprometendo o primeiro e o segundo setores. Serão marcas comprometidas, ativistas, revolucionárias em prol de uma sociedade melhor. Serão marcas que estarão dispostas a sacrificar parte dos lucros para defender o que é mais correto, mais saudável e íntegro para a relação com os seus consumidores. Serão marcas comprometidas com o tripé da sustentabilidade: pessoas, prosperidade e planeta. Mas também serão marcas que, além disso, conseguirão estreitar laços com as suas comunidades baseadas na CONFIANÇA e que, com isso, conquistarão o direito de ser GUIAS DESSAS COMUNIDADES, discutindo e sugerindo direções para a prosperidade destas e de todos os seus *stakeholders*.

Marcas coerentes com o seu propósito

Serão marcas que irão além de seus esforços de publicidade e propaganda porque entenderão que marcas não são apenas resultado do que é feito na mídia. Essas marcas entenderão que são o resultado de todos — absolutamente TODOS — os sinais da organização e que tudo isso precisa ser coerente com um único propósito que baliza tudo: marca/ negócio/público.

E essas marcas serão naturalmente coerentes com a gestão empresa-produtos-serviços-posicionamento-preços-condições-critérios-promessa-entrega-atitude-posturas-ações. Essa coerência será parte de uma coerência maior que permeará toda a organização em seus pontos de contato e experiência no dia a dia. E essa coerência será percebida com mais valor pelo seu público **porque a imagem terá um foco nítido** e por isso ajudará o consumidor a tomar decisões. E isso, como você sabe, passa a ser algo valioso numa era de abundância e de igualdade nas promessas.

O **consumidor pagará um valor maior** e ainda retribuirá com sua lealdade

Serão marcas que, em última instância, servirão de alívio para as dores espirituais e psíquicas de seu público. Serão marcas que entregarão o que prometeram e conseguirão, como sempre, surpreender e encantar na entrega. E, assim, transformarão o ato de fechamento do negócio em mais uma ótima experiência que se consolida como um patrimônio de boas lembranças da relação. Mas essas marcas irão além. Elas também conseguirão uma relação filosófica com seus clientes.

Serão marcas que, por tudo isso, conseguirão cobrar um preço *premium* (uma taxa acima da média de mercado, no topo da categoria) por seus produtos e serviços. E esta taxa maior (*overprice*), acima dos preços dos concorrentes médios, será percebida como óbvia, como natural e justa pelos seus consumidores, que ainda retribuirão com lealdade — numa relação que não será mais de mercado, mas uma relação filosófica entre as partes.

Uma **nova cadeia colaborativa** para o **negócio**

Nesse estágio, não teremos mais vencedores e perdedores escondidos entre notas fiscais como temos hoje. Teremos o que considero o nirvana do branding: **relações de respeito balizadas pela reputação das marcas** que derrubam as trincheiras entre quem cria, quem produz, quem comunica, quem vende, quem intermedia, quem entrega e quem compra. Uma nova cadeia do negócio baseada em CONFIANÇA e ajuda mútua. Uma nova cadeia do negócio totalmente amarrada a uma rede colaborativa. Todos envolvidos e comprometidos em superar as expectativas uns dos outros. Todos envolvidos e comprometidos em entregar o melhor se si mesmos dentro das suas *expertises* porque todos compreendem o SIGNIFICADO e se identificam com o mesmo PROPÓSITO e a mesma CAUSA.

Mas será preciso **lutar** contra **"a força do mesmo"**

Difícil isso? Sim. Eu acredito que será muito. E mais difícil ainda porque esse caminho exigirá muito mais competência de cada profissional de marketing e coerência de toda a organização unida em torno do mesmo propósito. Porque esse valor da marca não pode mais ser gerido somente por quem cuida do marketing — deve ser gerido por toda a empresa de forma consistente e coerente. Coerência essa que não é muito fácil de achar hoje em dia na maioria das organizações.

Também exigirá CEOs muito especiais. CEOs que tenham coragem de fazer diferente e de enfrentar a força avassaladora "do mesmo" nas suas diretorias. A "força do mesmo" é a força que corrói internamente o ímpeto dos profissionais e que consome a energia de toda a organização. Fazer sempre mais do mesmo acaba sendo a rotina e a vibração média da empresa que destrói qualquer possibilidade de esperança numa transformação. Os profissionais acabam se acomodando pela falta de exemplo da alta direção e pela vibração da média, e tudo acaba sendo equalizado por baixo. E aí, todo mundo acaba se apequenando. Porque, pode acreditar, **GERIR O VALOR DA MARCA É MUITO MAIS COMPLEXO E DIFÍCIL DO QUE GERIR CUSTOS.**

O **cenário do branding** para vencer através do **significado**

Eu vejo neste momento uma enorme oportunidade para a transformação de marcas em direção à estratégia do significado como bandeira diferenciadora da organização. Em minha opinião, estamos vivendo um período de gestão de marcas tristemente morno e altamente equalizado/comoditizado, como nunca tivemos antes. Você, como especialista de marcas, reparou nisso? Concorda comigo?

Parece que estamos meio tontos com o brilho das inovações tecnológicas de algumas marcas e passamos meio batido por tudo, inclusive pelo nosso senso crítico de especialistas. Minha sensação é que parece que nos últimos dez anos, mais ou menos, nos acomodamos e entramos numa espécie de limbo do *brand management.* Parece que entramos num ciclo de acomodação e conformismo com a mediocridade das marcas em boa parte dos setores da economia, assumindo a ideia de que não existem mais saídas. A não ser a saída pelo conformismo, com os resultados pífios da guerra de preços no mercado e uma comunicação constrangedora, cada vez mais ruidosa e pouco efetiva das marcas.

Parece que estamos aceitando como normal a estratégia míope do mercado que criou marcas e consumidores oportunistas, dando um grande tiro no próprio pé. Um tiro que custará caro para os acionistas daqui a cinco ou dez anos, quando o patrimônio de marca for completamente dilapidado.

E estamos vendo isso justamente quando o cenário me parece extremamente favorável para as marcas ao imaginar que elas podem exercer seu maior e mais importante papel na vida do consumidor: ESTABELECER DIFERENÇAS ENTRE COISAS APARENTEMENTE IGUAIS.

Num mundo cada vez mais estressado com a abundância sem diferenças, a oportunidade das marcas não poderia ser mais valiosa

É a oportunidade de nos ajudar como consumidores a colocar um pouco mais de ordem e de lucidez no caos psíquico que vivemos hoje pelo excesso. A oportunidade de mostrar alguns caminhos para soluções sobre temas que nos inquietam e para os quais ainda não encontramos saídas.

Nesse sentido, vejo uma enorme oportunidade e um horizonte brilhante para marcas que queiram sair da mesmice, transformar sua percepção de valor e alterar a relação que mantêm com o segmento, com a sua base de consumidores e com a sociedade. Como? Fazendo diferente. Tendo a coragem de olhar as coisas sob outros ângulos. Tendo a coragem de combater o "cinismo das marcas". Tendo a coragem de largar as amarras que nos fazem andar sob as regras do setor e não enxergar mais nada. Tendo a coragem de pensar em dar SENTIDO e SIGNIFICADO para a relação com nosso público e, com isso, obter algo muito valioso para consolidar relações: CONFIANÇA.

Coragem para **abraçar uma causa** que **salva vidas** no trânsito

Quem sabe não tenhamos uma marca de automóveis com coragem de propor um debate sobre a causa das mortes no trânsito e nos ajudar a encontrar uma solução? Uma marca que tenha a coragem de assumir que temos problemas, sim, e que quem produz veículos é parte do problema e deveria ser também parte da solução, junto com o primeiro, o segundo e o terceiro setores.

Será que isso iria contra as regras sagradas do setor de mostrar sempre a mesma coisa do mesmo jeito? Uma trilha maravilhosa e cenas de um carro veloz fazendo curvas sinuosas numa estrada na montanha ou no deserto... Você já viu essa cena? E esta: gente na cidade que torce a cabeça em *slow* na passagem do carro? E a seguinte? Crianças cantando no banco de trás e pais sorrindo felizes com o carro novo, nos bancos da frente. E esta ainda? Trilha de arrepiar, voz rouca e cenas de edifícios de grandes cidades e de gente bonita refletida nos vidros escuros e nas latarias brilhantes. Ou coisas como pôneis cor-de-rosa malditos para vender caminhonetes...

Será que seria um absurdo propor uma causa assim? Como será que a sociedade reagiria a um posicionamento corajoso desse? Será queараríamos de comprar carros de uma marca que rompe com o modelo e assume uma bandeira maior que o seu próprio negócio? Quem sabe não tenhamos uma marca que faça da bandeira de salvar vidas no trânsito seu propósito maior como marca de automóveis e conquiste definitivamente nossas mentes e nossos corações?

Coragem para **produzir alimentos** e **combater a obesidade**

Quem sabe não possamos ter uma marca de alimentos que tenha a coragem de levantar uma bandeira contra a obesidade e os seus danos na sociedade? Uma marca que pudesse abraçar essa causa e utilizar toda a sua *expertise* técnica para nos ajudar a ter uma vida melhor. Será que não existe uma marca que queira olhar o setor por outra ótica e fazer da saúde a sua causa, o seu significado maior?

Coragem para **vender tecnologia** de outra forma

Quem sabe não exista algum grande fabricante de produtos de alta tecnologia que possa nos servir de guia frente aos paradoxos que discutimos aqui? Um guia frente às coisas boas e as não tão boas e os efeitos da tecnologia em nossa vida. Quem sabe uma marca não se predispusesse a discutir com a sociedade os impactos positivos e negativos de muito em breve estarmos com todos os nossos dados pessoais nas mãos de meia dúzia de empresas de tecnologia? Uma marca que nos ajudasse a entender o poder das conexões para o bem da sociedade e não para criar mais neurose nas nossas vidas.

Uma marca que pudesse nos ajudar a entender a medida ideal do conectado/não conectado para a nossa saúde imagética. Uma marca que tivesse a coragem de falar de tecnologia para reduzir a neurose do "estar ligado o tempo todo". Uma marca que tivesse a coragem de nos explicar qual é "a real" sobre o plano de cinco anos do fundador do Facebook e seu sonho de eliminar a solidão (!). Porque, para mim, ele no mínimo parece estranho e, conforme disse Lev Grossman, da revista *Time*: "O Facebook quer habitar o deserto, domar a malta que uiva e transformar o solitário mundo antissocial do acaso aleatório num mundo amistoso, um universo de felizes acasos... Você estará trabalhando e vivendo dentro de uma rede de pessoas e nunca precisará ficar sozinho. A internet, e todo mundo, irá parecer uma família, um dormitório universitário ou um escritório onde seus colegas são também seus melhores amigos".

Não sei o que você pensa disso, mas confesso que fiquei apreensivo com a parte que diz sobre "sentir-se num dormitório universitário" e com um pouco de medo quando se fala em "domar a malta que uiva!..."

Mas vamos em frente, sem ironias. Quem sabe, entre as empresas de alta tecnologia, encontrássemos uma que se propusesse a não só nos vender mais bugigangas e o mais novo programa, mas nos ajudar a conviver melhor com tudo o que diz respeito à tecnologia e que afeta nossa vida.

Uma empresa que nos ajudasse a compreender o impacto da hiper-realidade em nossa vida (falso-real-real-falso). Que funcionasse como nosso guia e nos ajudasse a entender o que será este "futuro arquitetado" que meia dúzia de marcas do Vale do Silício desenham para nós, e o que nos espera quando ouvimos falar de "rede de pessoas". E o que isso tem a ver com o nosso constante compartilhar de localização, de dados pessoais, de nossas preferências, números de telefone, e-mails, nossas identidades...

Por que **não?**

Quando defendo apaixonadamente o diferente, sei que a sua reação é de espanto. Não adianta disfarçar porque eu vi o seu sorriso de satisfação me desacreditando pela forma como estou expondo e defendendo o valor da diferenciação.

E sei que, dessa forma apaixonada, o texto parece redação de ativista bicho-grilo. Meio panfletário e anarquista. Mas deixe que eu argumente sobre a força do SIGNIFICADO e da DIFERENCIAÇÃO de outra forma. Com exemplos concretos de marcas que você conhece e respeita e que adotaram posturas assim — e que felizmente não quebraram. Pelo contrário, são líderes. Melhora assim?

Você vai ver que, quando ninguém fez ainda, o discurso parece panfletário. Depois que a ideia é estampada como *case* de sucesso na *Harvard Business Review*, aí parece que não é mais incendiária e ficamos pensando por que ninguém fez antes. Mas é assim.

Vou mostrar alguns exemplos de coragem famosos no mundo e outros bem perto de nós. Exemplos concretos de marcas que são líderes ou são referência nos seus setores — talvez justamente por causa da coragem de fazer diferente.

Coragem de **dizer aos clientes** para **consumirem** com mais **responsabilidade** o **seu próprio produto**

Como a marca Itaú, que citamos há pouco. Você sabe que o negócio do Itaú é ser banco, e banco vive de vender crédito. Mas assim mesmo a marca teve a coragem de tocar no tema inadimplência publicamente e dizer que o endividamento faz mal e que é preciso ter muito critério e responsabilidade para tomar crédito. E fez do "crédito consciente" uma de suas bandeiras, que reforçam a postura e o valor da marca.

Agora pense um pouco sobre isso e, se você olhar friamente, é como dizer para os seus clientes que pensem bem antes de comprar. Você teria coragem de fazer isso no seu negócio? É como se você pedisse aos seus clientes para refletirem melhor antes de passar no caixa. Corajoso?

Sim, porque, além de pedir para os seus clientes pensarem bem antes de fechar o negócio, a ideia fere um dos "pilares sagrados da arte de negociar", que é nunca fazer isso tratando dos aspectos negativos do negócio (nem levantar a possibilidade de que ele tenha um lado negativo, como o endividamento e a inadimplência). Isso seria como, na hora da venda feita, você dizer ao seu cliente na loja que, mesmo com o crédito aprovado, que ele pense bem, pois pode estar se endividando demais se levar a televisão que acabou de comprar.

Francamente, você tocaria nesse assunto na hora de vender? Teria coragem de disseminar no seu negócio a ideia de uma "compra consciente" na sua base de clientes? Pois é. O Itaú fez. E isso (olhando de fora, pois não conheço os detalhes da estratégia) fez todo o sentido com o conjunto dos valores da marca. Isso fez todo o sentido com o discurso da marca e com os atributos que eu percebo no banco.

Então creio que a proposta não é só inteligente sob o ponto de vista de consolidar a confiança e o respeito entre marca e consumidor, mas também corajosa para um segmento que é sempre muito conservador.

Eu confesso a você que adoraria estar na sala do conselho do Itaú e ver quando foi defendida a tese de que a marca deveria educar os seus consumidores a pegar crédito com responsabilidade. Ou seja, educá-los para pegar menos crédito do que estão pegando... Imagino o silêncio na sala, na imensa mesa de rádica da sala de reuniões...

Vender beleza e ter coragem de mostrar a mulher real, sem retoque

Outro exemplo foi a coragem da marca Natura de falar de beleza real e mostrar mulheres maduras, de 30, 40, 50 anos e, com isso, banir o padrão "modelo-manequim-atriz-de-15-anos" da sua comunicação. Dessa forma, permitiu que resgatássemos a autoestima de mulheres que já estavam cansadas de ser enganadas com fotos de meninas de 15 anos nos anúncios e a promessa falsa de rejuvenescimento fácil.

Uma marca com um significado tão forte no Brasil que nos educou para ver a beleza de outra forma, enquanto o mundo inteiro discutia o problema da anorexia em modelos do universo da moda. Uma causa em torno da "verdade em cosmética", que transformou a marca Natura em algo infinitamente maior e com mais significado que o próprio negócio da Natura.

Coragem de **vender beleza**, sair do padrão e **mostrar gordinhas**

Veja também a admirável coragem da marca Dove de mostrar nos seus anúncios mulheres gordas numa Campanha pela Verdadeira Beleza. E de, na mesma campanha, ter a coragem de criar filmes para a internet nos quais se mostra todo o processo complexo e sacana de produção da "beleza digna de passarela" e, com isso, conseguir desmascarar o posicionamento da beleza inatingível e seus artifícios antiéticos para vender cremes para mulheres normais.

Explico melhor o segmento de beleza para você entender o impacto de uma atitude corajosa que confronta o padrão sagrado do setor. A indústria da beleza vende sabonetes, produtos para cuidar da pele, loções, xampus para o cabelo, cremes etc. Toda a indústria trabalha sob um padrão muito parecido no mundo todo.

A imensa maioria das marcas utiliza um posicionamento conceitual genérico que costumamos chamar de "identity", em que consumidor e marca se enxergam e o diálogo a ser provocado entre marca e consumidor é: "Eu quero ser assim". Por isso, a comunicação dessas marcas utiliza muito o efeito da imagem para provocar o espelhamento.

Dessa forma, os anúncios e os *outdoors* não apresentam nenhuma argumentação racional, mas estampam "mulheres jovens lindíssimas" e assinam com a marca ao lado. Ou seja, o discurso subjetivo nisso tudo é: veja como você pode ficar bonita — assim como esta *top model,* utilizando o nosso creme antirrugas tal-tal-tal. E tentar provocar no diálogo consumidor–marca a ideia: é isso que eu quero ser. Assim, as marcas tentam convencer mulheres mais velhas (as que começam a se preocupar com os sinais da idade) a comprar seus potes de cremes, suas loções e seus processos de tratamento antienvelhecimento.

Como essa indústria é altamente competitiva, e num mercado bilionário como é o da beleza, cada marca investe milhões na *top model* mais bonita do momento para estampar seus anúncios e *outdoors* pelo mundo. Então a consumidora se vê no meio de uma escolha que é entre ser bela como esta ou bela como aquela, ou tão bela quanto esta outra. E todas as marcas ficam exatamente iguais, prometendo a mesma coisa — um sonho e a falsa ilusão de algum dia ficar parecida com alguma daquelas *top models*. Pura mesmice há muito tempo.

Nas palavras da Youngme Moon: "E foi isso que fez a mais recente campanha de posicionamento da Dove — a Campanha pela Verdadeira Beleza — ser tão excepcional. Lançada em 2004, a campanha se dedicou a destruir o mito da beleza intangível de uma *top model* e, em vez disso, alardear as virtudes estéticas de uma mulher normal. A missão era trazer o conceito de beleza de volta ao planeta Terra e tornar a beleza novamente acessível. Observe que isso obrigou a marca a criar uma série de comerciais que eram de uma aparência totalmente prosaica: os anúncios mostravam mulheres comuns do dia a dia — mulheres de verdade, e não modelos profissionais — de todos os tipos e tamanhos, vestidas de lingerie branca. E pronto. Só um monte de mulheres normais em casa, vestindo uma lingerie normal".

"E, no entanto, seria de se pensar que uma bomba fosse jogada no meio da indústria — tão radical era o conceito de normalidade num contexto como esse. Um analista da indústria escreveu o seguinte comentário na revista *Brandchannel*: 'Pode até ser mais honesto, mas será que isso faz as mulheres sonharem?' Outras críticas foram mais ásperas, como esta da *Slate*: 'Pode se falar o que quiser da verdadeira beleza — uma vez que fique associada à marca das garotas gordas, você estará frita'.

"A Campanha pela Verdadeira Beleza da Dove continha outros elementos, também. Talvez o mais visível fosse um filme de 112 segundos no YouTube chamado *Evolution*, no qual uma montagem acelerada em vídeo era usada para mostrar a falsidade por trás dos ícones glamourosos que nós vemos espalhados nas revistas e nos *outdoors* da vida. No filme, uma mulher bastante comum passava pelo doloroso processo de maquiagem cosmética e manipulação de imagens, tudo com o objetivo de torná-la 'linda e digna de uma passarela'. É uma exibição ferina — o rosto retocado que se vê no quadro final não tem quase nada a ver com o verdadeiro rosto da mulher que posou para a foto."

Ainda nas palavras da professora Youngme Moon: "O que a Campanha pela Verdadeira Beleza da Dove revelou foi quanto as americanas estavam cansadas de marcas que se ligavam a um padrão estético inalcançável. Foi contra este cenário que a Dove entendeu que, para criar algo de extraordinário, tinha que fazer sua marca ser ordinária. O resultado foi uma campanha gloriosa e orgulhosa, que celebrava a vida comum".

Para mim, uma campanha muito inteligente e corajosa, mas ainda é uma campanha. O tempo dirá se a marca Dove sustentará esse posicionamento a ponto de se tornar uma marca guia em torno da "beleza real". O tempo dirá se a marca terá coragem de fazer "da verdadeira beleza" uma plataforma de significado maior que o próprio negócio de vender sabonetes, xampus e cremes. O propósito foi lançado e a causa, abraçada mundialmente.

Coragem de se posicionar como uma marca ativista e defender comunidades sustentáveis

Ou quem sabe a coragem da The Body Shop, marca europeia de cosméticos, que foi a primeira no mundo a ter uma postura sustentável e a se posicionar como uma "marca ativista". A primeira marca no segmento de beleza no mundo a banir o uso de animais nos seus testes de laboratório. Primeira a usar modelos gordinhas (mais de uma década antes da Campanha pela Verdadeira Beleza da Dove).

A The Body Shop também foi a primeira marca a falar abertamente em drogas nos seus anúncios — e o pior, não para atacá-las, mas para defender o uso controlado da maconha. Como também foi a primeira marca a comprar briga na defesa das comunidades carentes em torno das questões ambientais — do mundo inteiro, inclusive na selva amazônica.

Nos grandes desastres ambientais da década de 1990, de um lado da briga estavam as multinacionais do petróleo se defendendo e no outro lado, botando a boca no mundo e pedindo reparação de danos, estava a The Body Shop, que chegava a incentivar os seus colaboradores a saírem do trabalho em horário de expediente para fazer passeatas em torno dessas causas. Seus caminhões de entrega eram *outdoors* ambulantes de grandes causas sociais em cada país em que atuava. E sua comunicação não falava de vender cremes, mas de salvar o planeta e fazer mobilizações pelas comunidades carentes mundo afora. Isso numa época em que não éramos tão politicamente corretos nem se pensava em defender o conceito de sustentabilidade.

Essa é a marca fundada pela senhora Anita Roddick. Um exemplo de empreendedora ativista que revolucionou o setor e fez da sua marca uma causa em torno do respeito aos direitos humanos, centrada na beleza natural e no fomento à produção sustentável em comunidades carentes ao redor dos cinco continentes. E que certamente (para o nosso bem) influenciou o posicionamento da Natura no Brasil.

Agora isso lhe **parece crível?**

Dá para acreditar agora? Ficou claro que a proposta, apesar de corajosa, tem um enorme poder transformador e de gerar valor para a organização? Pois acredite que a gente ainda podia falar muito sobre isso e descrever aqui mais algumas marcas notáveis por contrariarem a regra dos seus segmentos e adotarem uma postura diferenciada. E, dessa nova postura, estabelecerem um novo SIGNIFICADO para si mesmas e até mesmo para fazer todo o segmento pensar as suas regras. Mas acho que com o que descrevemos já dá para entender do que estamos falando e do poder que isso tem para transformar a sua marca e levá-la à liderança do segmento.

A comunicação pode ser parte, mas **nunca ser só a comunicação**

Mas que fique bem claro que estamos falando aqui de marketing e de branding com um propósito vital para a sua marca: perpetuação de valor. Isso significa que descarto todo e qualquer movimento de oportunismo. Como descarto a ideia de uma campanha publicitária. A campanha pode acontecer, desde que exista coerência com a visão maior da organização. E isso pressupõe um horizonte muito mais amplo de tempo e que TODA a organização esteja comprometida com esse posicionamento e com essa visão lá adiante.

O compromisso de conduzir a empresa num único sentido deve ser de todos. Como o de manter o foco estreito no objetivo maior. De respirar a missão todos os dias. De fazer toda a organização comprometida com a mesma causa, com o mesmo propósito, com a mesma bandeira. Todos dando sentido e construindo um SIGNIFICADO maior para a marca. Um SIGNIFICADO maior que o próprio negócio.

Este será **um novo momento** para as marcas

Imagino que muito em breve as marcas não precisarão só entregar muito mais (ir além no cumprimento do prometido), mas também vão precisar SER muito mais do que são hoje. Cai por terra a ideia de sustentação do negócio somente pela imagem, e passamos a encarar a lógica de sustentar o negócio sendo algo muito maior que o próprio negócio.

A lógica é de que a marca represente alguma coisa que possa fazer dela não apenas mais uma marca daquele negócio, mas algo mais RELEVANTE que tudo aquilo que ela produz (mesmo que seja a coisa mais importante do mundo).

Nesse sentido, as marcas precisarão ser muito mais do que a representação de uma fábrica ou de um conglomerado industrial. Elas vão precisar ser muito mais do que uma siderúrgica, uma universidade, uma rede de varejo, uma empresa de consultoria, uma agência de propaganda, um escritório de advocacia na Avenida Paulista ou uma instituição centenária qualquer.

Como também você como marca no mundo profissional precisará SER MAIS do que um CEO, mais do que um empreendedor, mais do que um alto executivo de sucesso, um arquiteto competente, um médico dedicado, um publicitário premiado, um professor excelente, bombeiro, escritor, policial, sei lá o quê.

As **marcas terão de dizer** quem são **além** dos **seus negócios**

Haverá uma imperiosa necessidade de as marcas estabelecerem relações de confiança com seu público (todas as marcas, inclusive a minha e a sua), e essa relação vai pressupor não só esse propósito maior que acabei de citar, mas também uma nudez de máscaras nas relações. Uma nudez de desvios intencionais. Uma nudez de retoques e tratamentos estéticos. Uma nudez de armadilhas. Uma nudez sem asteriscos com restrições escondidinhos no canto do anúncio. Uma nudez empresarial totalmente íntegra e verdadeira.

Dessa forma, também haverá uma necessidade vital de as marcas se apresentarem de outra forma. Em vez dos tradicionais clichês, dos avanços tecnológicos ou dos bilhões investidos, dizer A QUE VIERAM. Dizer O QUE DEFENDEM. Dizer de que valores elas não abrem mão de jeito nenhum por negócio nenhum. E o mais importante: O QUE ELAS DEFENDEM que tem a ver comigo e com a minha família.

Por isso ponha uma coisa muito importante na sua cabeça: VOCÊ VAI PRECISAR DIZER A QUE VEIO PARA QUE A SUA MARCA POSSA SER CONSIDERADA. Significado não será mais uma coisa opcional. Será vital para o seu futuro. Tanto para a sua marca de megacorporação como para a sua marca pessoal no mercado profissional.

Vai chegar um dia em que o seu consumidor dirá o seguinte: o.k., eu já conheço a tecnologia que você usa e sei quantos bilhões você investiu, seu produto é bem bacana e coisa e tal, mas agora quero saber o que você pensa. E vai lhe perguntar:

Que causas você defende? Com que valores e atitudes você elaborou este produto?

Então você precisará parar de se esconder atrás da comunicação e colocar-se totalmente nu frente ao seu público e dizer realmente a que veio neste mundo. Ser honesto não bastará mais. Ser íntegro, consciente e ter postura sustentável também não bastarão mais. Tudo isso será pressuposto básico para estar no estádio e assistir ao jogo. Mas para entrar em campo, jogar o jogo, fazer gol e ganhar o campeonato, as marcas precisarão de mais do que isso. Precisarão se posicionar e assumir uma causa. Precisarão, em torno da causa, construir o que lhes garantirá a perenidade: um significado especial que seja maior que seus produtos e serviços e que tenha relevância para o seu público.

O **caminho** que você **precisa escolher**

Eu diria que nenhum dos dois caminhos sugeridos neste capítulo (o de ser muito bom em gerir custos ou de ser muito bom em gerar valor) é fácil. Nada é fácil nestes nossos tempos de hipercompetição numa sociedade ruidosa e congestionada.

E não pense que o caminho da diferenciação — que eu defendi durante todo este capítulo — será o menos difícil. Pelo contrário. Acredito que no curto prazo é muito mais fácil manter-se no jogo atual estando na arena vermelha da competição por volume e preço. É muito mais fácil estar no meio do rebanho olhando para os lados e fazendo comparações. Todo mundo está tendo resultados medianos, mas ficamos felizes por estar na média também. E aí é bem mais fácil ir fazendo o jogo de gerir custos, administrar a situação e esperar um golpe de sorte qualquer do mercado.

É mais fácil fazer o joguinho do **curto prazo**. Se você estiver no varejo, pode fazer esse jogo de expandir sempre (mesmo que as coisas não estejam muito sólidas nessa expansão, mas expanda). Com isso você obtém mais escala. Sendo maior, você esmaga com mais força seus fornecedores, sacrifica mais um pouquinho as margens e consegue momentaneamente vender um pouquinho mais barato e, assim, faz mais volume. Com isso você entrega resultados de curto prazo. E, dessa forma, fecha mais um trimestre cumprindo metas, ganha prestígio como CEO de resultados e leva bônus no final do ano.

Se você estiver na indústria, a estratégia fácil é outra: lance novos produtos. Essa sempre foi uma boa cortina de fumaça e ainda funciona. Não importa muito se eles vão vender, mas você amplia a família de marcas e faz movimento. Isso funciona. Você vai ampliando o portfólio, vai obtendo argumentos para cobrar resultados da equipe de vendas e vai empurrando com a barriga para ver como as coisas ficam. E isso lhe dá tempo perante os acionistas e o conselho.

Este é o nome do jogo mais fácil do momento se você quiser embarcar nele. Todo mundo joga dessa forma e o mercado se acostumou com esse tipo de solução. Você se torna o cara que entrega resultados no curto prazo e destrói o valor do futuro da marca. Entrega agora, mas rouba o futuro dos acionistas. Mas não se preocupe com o futuro — quando ele chegar e descobrirem isso, não importará mais, porque você, certamente, não estará mais lá...

Saindo do rebanho **da mediocridade**

Agora, se você não se conforma com essa mediocridade e quer perpetuar valor e transformar alguma coisa, eu lhe diria que o caminho da estratégia de SIGNIFICADO é muito mais saudável e muito mais interessante. Se você quiser tentar, venha comigo até o próximo capítulo — o último — para discutir alguns *insights* que eu acredito que possam inspirar e ser muito importantes para construir a sua estratégia.

Se você não se conforma e quer sair do rebanho da mediocridade, continue comigo. Eu garanto, no mínimo, dias sem tédio!

SIGNIF

ICADO

MUITO EM BREVE EXISTIRÃO
APENAS DUAS GRANDES ARENAS PARA
COMPETIR NO MERCADO: UMA DE PREÇOS,
QUE EXIGIRÁ CADA VEZ MAIS COMPETÊNCIA
NA GESTÃO DE CUSTOS, E UMA OUTRA ARENA,
BASEADA EM SIGNIFICADOS, QUE EXIGIRÁ
COMPETÊNCIA EM GERAÇÃO DE VALOR.

ARTHUR BENDER

capítulo 10

"Vamos revisar Branding a partir do coração... do topo: Branding REAL é... Pessoal. Branding REAL é... Integridade. Branding REAL é... Consistência e Novidade. Branding REAL é... Memorável. Branding REAL é... uma boa história. Branding REAL... "acende" tanto o Balconista quanto o Consumidor. Branding REAL... importa (aos funcionários, clientes e fornecedores). Branding REAL responde... QUEM SOMOS NÓS? Branding REAL está... disponível para Um e para todos... Grandes e Pequenos. Branding REAL se concentra em... Singularidade e Drástica Diferença. Branding REAL... esclarece Uma Grande Coisa. Branding REAL significa... Paixão e Emoção. Branding REAL... diz respeito à razão pela qual nos levantamos da cama todas as manhãs. Branding REAL... não pode ser simulado. Branding REAL... é uma lida sistêmica envolvendo todas as mãos, em todos os departamentos, 24 horas por dia, 7 dias por semana."

Tom Peters, no livro Reimagine

10 *INSIGHTS* PARA
A TRANSFORMAÇÃO DA SUA MARCA

Insight um: acione gatilhos e abra janelas emocionais

Uma boa possibilidade de iniciar uma plataforma de significado com o seu público é oferecer a possibilidade de um reencontro simbólico com as suas raízes. Um reencontro com a infância, com os ares do interior, com os símbolos que fazem a gente sonhar com um passado que foi marcante em nossas vidas e com a ideia de que lá, naquele passado, éramos mais felizes.

A maioria de nós tem uma imagem mítica na cabeça quando pensa num lugar "de paz e tranquilidade", e dessa forma passamos a vida buscando a possibilidade de reencontro com esse lugar. E cada vez que o encontramos, somos invadidos por ótimas sensações. Quando isso acontece, uma imagem puxa a outra, que evoca uma sensação, que resgata uma lembrança, e nos entregamos à nostalgia mítica que nos proporciona alívio. Uma emoção muito especial. Veja como isso funciona na sua mente e deixe-se invadir pelas sensações quando, no texto abaixo, eu aciono esse gatilho.

Imagine uma casinha de madeira com jardim florido na frente, cerca pintada de branco e chaminé fumegando de fogão a lenha. Imaginou? Imagine essa casa muito simples como a que desenhávamos em nossos cadernos escolares na infância e que a gente pintava com hidrocor. Imagine a casa dos seus avós se ela for parecida com isso. A imagem da casa nos leva a um imaginário que remete para todas as cidadezinhas do interior, com suas ruas tranquilas, calçadas varridas, flores nas ruas, árvores bem cuidadas nas praças e vizinhos que ainda se sentam com cadeiras nas calçadas para conversar nas noites de verão. As casas com as portas abertas e as risadas das tias entrecortadas com o coaxar dos sapos como previsão de chuva... Como vêm à nossa mente as imagens e associações das tardes chuvosas de verão e o bule de café com leite sobre a toalha xadrez da mesa da casa da vó no meio da tarde. A gente pode fechar os olhos, imaginar a cena e sentir o aroma do café sendo passado no antigo coador de pano sobre o fogão a lenha num canto da cozinha. Talvez venha à mente o aroma do bolo de laranja ou de chocolate ou, talvez ainda, o cheirinho de bolinhos de chuva cobertos com açúcar e canela. Você se transporta para esse mundo mítico e sente toda a paz e harmonia que essas imagens evocam em sua mente. Esse é o efeito.

Esse padrão de imagens representa em nosso imaginário "a possibilidade do reencontro" com uma emoção que não temos mais porque vivemos na correria, com nossas agendas lotadas e vidas estressantes. E isso reforça a crença mítica de que lá no interior, naquela cidadezinha do passado, as pessoas eram mais felizes porque viviam com mais simplicidade do que a gente. Essa crença desencadeia outras, como a de que as pessoas do interior são mais honestas, mais respeitosas, mais dedicadas, mais verdadeiras, mais confiáveis. Lá a gente imagina que ainda se tem aperto de mão com vontade, olho no olho, sorriso sincero, **e isso é tudo o que nós inconscientemente queríamos de volta para as nossas vidas.**

O publicitário e escritor José Martins tem um livro brilhante sobre o assunto intitulado *A natureza emocional das marcas*. Nele o autor explora a ideia de arquétipos. Este que descrevi, ele chama de "o resgate das raízes". No livro, Martins, com muito mais propriedade do que eu, defende e explica a estratégia do emprego desse e de muitos outros arquétipos na arquitetura de construção de uma marca.

Prefiro chamar essa emoção de "espírito do interior" e batizei-a de "possibilidade do reencontro". Não tenho a pretensão de apresentar uma teoria, mas de gerar algum *insight* em torno dessa "emoção" que possa ser de alguma forma útil na sua estratégia de significado da marca. E eu chamo essa emoção de "possibilidade de reencontro" porque é o que ela oferece. A possibilidade de você se reencontrar nostalgicamente com esse lugar mítico, cheio de paz, que está no meu e no seu imaginário.

Esse lugar mítico pode ser alcançado por meio de gatilhos, acionados por produtos, lugares, imagens, aromas, texturas ou uma infinidade de situações que desencadeiam a sensação de muita paz nesse reencontro. Eu explico melhor como esse "espírito" pode funcionar como uma espécie de "alívio natural" para as dores psíquicas de uma sociedade do excesso contando uma pequena passagem pessoal.

Outro dia estava indo atrasado para uma palestra numa cidade do interior do estado, dirigindo meu carro por uma estrada sinuosa nas montanhas. Uma parte muito especial da BR 116, que corta uma região de colonização alemã e italiana em direção à serra e que se chama rota romântica. Eu pensava naquela hora que minha pressa não estava me deixando curtir aquela paisagem linda. Na parte onde eu passava naquele momento, a predominância era de italianos, com aquelas suas casas antigas de madeira sob uma base de pedra, do tempo da colonização. E entre uma vista magnífica das montanhas e dos vales, viro uma das curvas e me deparo com a visão de uma dessas casas de madeira. Na frente da casa, debaixo da sombra de uma frondosa figueira, uma família inteira está sentada em cadeiras no pátio de terra batida. Não deu para contar, mas pelo menos dez pessoas formavam um círculo em animada conversa como toda boa família italiana, gesticulando e falando alto. Uma cena plasticamente linda pela sua simplicidade. Foi como se uma enorme janela emocional se abrisse para mim naquele momento.

Confesso que naquela hora, numa fração de segundo, me dividindo entre a visão da cena da família reunida sob a figueira e a atenção na estrada, fiquei completamente emocionado por muitos minutos. E na minha cabeça passou um grande filme da minha vida, que encheu meus olhos de lágrimas, dirigindo sozinho em meu carro. Por quê?

Com a minha agenda abarrotada de compromissos que não estavam me permitindo nem um minuto de folga naquela semana, atrasado para um compromisso e pensando em tudo o que eu ainda tinha que fazer naquele dia, confesso que tudo o que eu queria naquele momento era poder estar ali. Mesmo amando muito a minha vida profissional, naqueles segundos o meu mundo balançou. Eu pagaria uma boa soma com satisfação para poder parar ali e viver aquela emoção por alguns minutos. O que veio à minha cabeça foi o questionamento sobre como algo tão simples poderia ser tão valioso e — pelo menos naquele momento — tão distante de mim. Fui fisgado. A imagem disparou na minha mente uma série de associações e mergulhei no arquétipo. A imagem me aliviou, me encheu de paz e me fez passar o resto da viagem — inclusive na volta — fazendo planos. Todos eles desencadeados por um único gatilho: a imagem que me tocou.

Marcas podem se associar a essas emoções e, assim, tornarem-se a "janela" para levar seus consumidores a viver "momentos de reencontro" como este que vivi. E assim passarem a ter um SIGNIFICADO especial na mente e no coração de seu público.

Insight dois: vença pela **personalização**

Quanto mais massificados e superlativos ficam o mercado e a sociedade, mais necessidade nós temos de personalização. Quanto mais os números se tornam gigantes, mais temos vontade de que as coisas voltem a ser em "escala pequena" para podermos alcançar. Quanto maior e mais massificada a sociedade, mais necessidade temos de ter um gerente personalizado no banco. Mais necessidade temos de ter um "faz tudo" para a nossa casa. Quanto mais massificadas ficam as relações, mais valorizamos quando somos atendidos pelo dono. Quanto mais frias ficam as relações comerciais, mais valorizamos a ideia de nos sentirmos únicos quando somos atendidos. A camisa ajustada ao nosso tamanho e da forma de que gostamos, com a entrega em casa. O prato servido no tamanho de todas as nossas manias no restaurante. A entrega em casa no horário que mais facilita a nossa vida. Porque quanto mais massificadas ficam as relações, mais a gente valoriza a personalização e os pequenos detalhes de conhecimento sobre quem nós somos — que fazem uma enorme diferença nas relações comerciais.

Se você reparar, estamos voltando ao conceito do mercadinho perto de casa e do atendimento de armazém de décadas atrás. Por quê?

Porque nestes tempos modernos aprendemos que queremos o melhor da tecnologia, mas não queremos ser mais um número qualquer na base de dados de uma grande empresa. Hoje queremos o melhor dos dois mundos. Operações grandes que resolvam tudo o que precisamos resolver e também operações muito personalizadas, perto de mim, do meu jeito e com a "minha cara".

Queremos o melhor e mais completo espaço (como nos grandes shopping centers com tudo o que a gente imagina e com o que nem imagina em centenas de operações e um gigantesco estacionamento), mas queremos também a lojinha da esquina, a loja de conveniência do posto de gasolina, onde o dono nos chama pelo nome. É por isso que hoje, no mercado, encontramos espaço para algumas operações colossais e, ao mesmo tempo, constatamos o sucesso de algumas pequenas operações. Como lojas de conveniência na rua que parecem os antigos "armazéns" dos bairros, onde o dono sabia o seu nome e o de boa parte da sua família. Trazia produtos especiais para você porque se dava ao luxo de conhecer os gostos de cada cliente. Como também personalizava a forma de pagamento, na data que você quisesse, com base na confiança em um caderno. O velho caderno de "fiado" dos armazéns.

Em resumo, o que queremos hoje numa sociedade congestionada e abarrotada de coisas superlativas é o retorno ao pessoal, ao customizado, personalizado, a que tenha a minha e a sua cara. Pense se isso não pode ser o primeiro degrau para uma completa transformação no seu negócio.

Insight três: incentive e ofereça pequenas epifanias

Num mundo cada vez mais *fast*, onde todo mundo tem pressa, todos estão sempre disponíveis 24 horas, todos estão sempre fazendo alguma coisa, não sobra muito tempo para mais nada, momentos especiais tornam-se coisas raras na vida da maioria de nós. Tente então oferecer pequenos momentos especiais para os seus clientes. Pequenos momentos mágicos que possam funcionar como janelas de alívio e recuperação da alma e da mente em meio ao caos da vida nas grandes cidades. Ofereça pequenos momentos que possam ser transformadores, iluminados, realmente mágicos. Chamo isso de pequenas epifanias.

São aqueles momentos especiais que você leva para sempre na memória e que se tornam muito valiosos. Momentos especiais que o transportam para outro estado mental e outro nível de vibração. Aquele momento que, quando você tem, sente que atingiu um plano diferente, mágico, revelador, na maioria das vezes com sensações inexplicáveis.

Você pode atingir um estado mágico assim cantando a sua música predileta no meio da madrugada, caminhando sob uma chuva fina de uma noite de verão, de mãos dadas com a pessoa amada, agradecendo a Deus cada momento que você viveu junto a ela. Você pode viver momentos assim assistindo ao pôr do sol em silêncio abraçado aos seus filhos. Pode ser sozinho no chuveiro, sentindo cada gota de água percorrendo o seu corpo. Pode ser tocando magistralmente aquela composição no violino, vendo todo o teatro lotado assisti-lo prendendo a respiração. Pode ser assistindo ao nascer do sol da janela do seu apartamento no décimo andar, rodeado de prédios. Pode ser em meio a uma multidão no show do seu artista predileto, quando ele cantou aquela canção. Pode ser sentado à beira de um abismo nas montanhas, quando você tem a sensação de que, admirando a imensidão, poderia tocar com as mãos no silêncio do infinito. Pode ser em silêncio, na sua casa, contemplando a beleza do seu filho dormindo. Pode ser rezando, fazendo uma trilha, pode ser uma viagem especial, assistindo a um concerto sinfônico, fazendo parte de um coral, ou assistindo a um coral. Ele pode acontecer de múltiplas formas em múltiplos lugares.

Outro dia conquistei um desses momentos. Era um domingo à tardinha de um dia muito quente. Minha família tinha saído para dar uma volta e eu fiquei limpando o jardim e trabalhando na terra, nas árvores e plantas do meu terraço. Depois de algumas horas, finalizei a limpeza e fiquei contemplando as plantas podadas. O sol estava se pondo e a luz começava a rarear. Naquele momento se fez um completo silêncio e uma janela mágica se abriu. Reinou por alguns breves instantes um silêncio absoluto. Um silêncio muito improvável onde eu moro naquela hora. E aqueles poucos momentos bastaram. Naqueles segundos fui invadido por uma enorme satisfação. Uma emoção indescritível de viver aquele clima e aquele silêncio naquele momento. Tudo parecia perfeito naquele instante. E, ali, na mesma hora, compreendi que tinha vivido uma pequena epifania. Toda vez que trabalho novamente no jardim, me vem à lembrança aquele momento especial e, confesso que em todas elas, ainda consigo trazer para mim de novo um pouco daquela boa vibração.

Acredite, pequenas epifanias funcionam como um bálsamo que alivia as dores da mente, da alma e do coração. Pequenas epifanias são janelas de cura, de alívio, de esperança. São janelas emocionais cheias de significado. Por isso tente oferecer ao seu público a possibilidade de eles conquistarem esses momentos. Marcas que conseguem estabelecer essa conexão são levadas para outro patamar na mente do seu público.

Insight quatro: sempre serão os **CPFs**

Na imensa maioria das transações comerciais que acontecem a cada segundo em algum lugar do planeta, existem duas pessoas físicas fechando o negócio. Não importa se na pequena loja de apenas dois funcionários na hora da compra de uma camisa ou no fornecimento de mais algumas toneladas de aço para uma grande empreiteira. Em algum momento do negócio existem duas pessoas. Uma de cada lado da transação. E cada uma delas representa uma marca.

Não importa se a sua marca só tem meia dúzia de colaboradores num único escritório alugado num bairro qualquer ou se a empresa que você representa está em 16 países e tem 80 unidades no mundo. Quando eu transaciono com ela, trato com uma pessoa. Quando eu compro dela, compro daquele cara franzino de óculos de aro de tartaruga que está atrás do balcão e que me atende com o enorme sorriso que só ele tem.

Naquele momento desaparecem os CNPJs das grandes corporações e ficam os CPFs. Naquele momento é somente ele. E, nesse exato instante, eu — como cliente — esqueço as suas instalações, os seus outros canais de venda, a sua estrutura, o seu poder financeiro ou quanto valem suas ações na Bolsa. Naquele momento, aquele CPF franzino usando óculos com aro de tartaruga é a sua marca.

Você investe milhões em desenvolvimento, milhões em produção, outros tantos em marketing, vendas, distribuição, pontos de venda e, no fim das contas, num efeito funil, eu me encontro frente a frente com a sua vendedora. E somos só nos dois que decidimos se a venda acontece ou não. Nesse exato momento, existem outras tantas duplas dessas (um cliente e um vendedor), um em frente ao outro, em centenas de suas lojas. Dessa forma, sua operação de milhões por mês não acontece no "atacado", ela acontece "fracionada", uma a uma, sobrepostas em milhares de momentos e em milhares de experiências que são individuais.

O que quero dizer é que, apesar do poder gigantesco da sua marca e do seu enorme valor, você como empresário, presidente do conselho ou como CEO não deveria nunca se esquecer de que a sua marca se consolida todos os dias nos milhares de experiências que cada um dos seus milhares de colaboradores proporciona. Na maioria das vezes, de forma pessoal, um a um, um frente ao outro. Ou seja, a qualidade da sua marca será o resultado da qualidade das marcas pessoais (CPFs) de cada um dos seus milhares de colaboradores.

O que você não pode nunca esquecer é que quando pensa em conquistar mercado, em estratégia, em chegar lá, está pensando em marca como CNPJ. Mas são os CPFs que podem levar você até lá, como também são os CPFs os únicos que podem tirar você de lá. Pense muito nisso.

Insight cinco: a busca da **simplicidade**

Cada vez mais a simplicidade terá um peso mais importante na vida de todos nós. A simplicidade será cada vez mais valiosa nas nossas vidas sabendo que elas serão cada vez mais conectadas, certamente mais disponíveis e, ao que tudo indica, mais estressadas. Nesse contexto, que por alguns anos acredito que ainda irá piorar, a simplicidade funcionará como uma espécie de Santo Graal para as nossas curas e para manter a sanidade das nossas famílias. E eu vejo claramente aí, nessa busca da simplicidade, pelo menos dois caminhos de satisfação dessa necessidade.

O primeiro diz respeito à vida pessoal e profissional de cada um. Acredito que boa parte das pessoas levará cada vez mais em conta o fator simplicidade em suas escolhas. E nessas escolhas se perguntarão o tempo todo: isso vale a pena? Por que eu continuaria a fazer isso? Ou, por outro lado, perguntarão a si mesmas: por que eu faria isso?

Tudo o que acrescentar mais complexidade à nossa vida tende a ser refutado, porque já estamos saturados de tanta complexidade. Então, postos de trabalho poderão ser alterados e, mesmo com altos salários, muitos cargos poderão ser rejeitados em função do custo dessa complexidade para a nossa vida. Vejo também que as cidades menores — se oferecerem estrutura — continuarão a ser valorizadas como alternativas frente ao caos das grandes metrópoles. E vejo oportunidades para muitas dessas cidades menores quando elas puderem ser planejadas para crescer, receber mais gente, mas sempre com a ideia de oferecer mais simplicidade aos seus moradores. Escritórios alternativos continuarão a crescer, bem como modelos de trabalho descentralizados. A lógica colaborativa e em rede pode ser a base para uma revolução na relação de trabalho em muitos setores.

Em função da busca da complexidade, grandes empresas vão precisar avaliar a sanidade ou a loucura de juntar 5 mil pessoas no mesmo prédio, mesmo com toda a tecnologia e os modernos confortos possíveis. Como outras precisarão pensar em alternativas para o contrário: em como manter a identidade da marca entre seus colaboradores quando eles ficam espalhados por muitos lugares distintos e pouco ou quase nunca se encontram?

O que importa é que, obrigatoriamente, você terá de pensar na sua empresa pela óptica de seus colaborados e tentar simplificar as coisas. Numa sociedade conectada, com disponibilidade total, em algum momento as relações e os modelos vão precisar ser revistos para evitar o caos também dentro das organizações.

O outro caminho que vejo como *insight* para as marcas que prezam simplicidade é com relação ao consumo. Vejo uma ótima oportunidade para marcas que queiram nos ajudar no processo — urgente e necessário — de descompressão que precisaremos construir juntos e para o qual ninguém ainda conseguiu descobrir um caminho. As marcas atuais, ao contrário, ainda não conseguiram entender que estamos muito estressados pelo excesso de estímulo e que elas têm contribuído para isso acelerando e colocando mais adrenalina ainda num corpo que pede menos cortisol no cérebro.

As pessoas vão continuar buscando alternativas e mecanismos para descomprimir. Nesse sentido, vejo que o paradoxo "compra de tecnologia *versus* fuga da tecnologia" continuará sendo muito forte. Como também o paradoxo tecnologia *versus* misticismo. Mas meu sentimento é que tudo ainda é paliativo para uma doença que começa a crescer: a neurose imagética de estar sempre conectado e viver sempre para fora de mim.

Acredito que precisaremos de muito mais ajuda emocional e de alternativas concretas para lidar com tudo isso, o que oferece um caminho muito interessante para marcas que queiram ser nossas estrelas-guias em meio ao caos e à pressão de uma sociedade totalmente conectada numa rede de pessoas.

Insight seis: esqueça os produtos, **tudo vai virar serviço**

Esqueça os produtos. Muito em breve, tudo vai virar serviço. Meus clientes de consultoria de estratégia ou da minha empresa de comunicação sabem muito bem disso porque defendo e repito essa ideia há pelo menos dez anos. Em breve não teremos praticamente mais produtos, mas serviços com algum produto embutido. E acredite, o que você vai querer comprar será o serviço. O valor estará no serviço.

Por quê? Porque boa parte dos produtos que compramos embute algum sacrifício para instalar e usar. E isso demanda tempo e conhecimento dos quais não dispomos mais. Então, cada vez mais vamos valorizar o "produto instalado" e pagar felizes por isso: pela solução integral. Porque isso reduz o nosso sacrifício e sacrifício é custo para todos nós.

Dessa forma, os serviços não só reduzirão a percepção de custos para o consumidor, como também elevarão a percepção de valor das nossas marcas, toda vez que pudermos oferecer a solução integral. Assim como vamos valorizar o serviço nos produtos que não precisam de instalação. Neles, valorizaremos o serviço prestado para adquiri-lo.

Sacrifício é o tempo despendido no trânsito para ir até a sua empresa comprar, o tempo despendido para escolher, para negociar, para pagar. E, dependendo do que você comprou, contabilize aí o tempo também para receber. Sem falar que, para muitas das coisas que adquirimos, precisamos desencadear todo um novo processo com novos fornecedores para receber/montar/instalar que pode se transformar numa desgraça em nossa vida. Já tentou reformar um banheiro morando com sua família no apartamento? Sim? Então eu sei que você me entende.

Por isso, cada vez mais todos nós vamos querer pagar pela solução completa fazendo menos sacrifícios. O que iremos valorizar será o serviço que "me-entrega-a-coisa-toda-instalada-e-funcionando-sem-atrasos--desculpas-ou-outros-sacrifícios". É isso que o consumidor vai exigir e é para isso que teremos de nos preparar.

Por isso não se esqueça, no seu próximo encontro de executivos para o planejamento estratégico de sua organização: TUDO VAI VIRAR SERVIÇO E SERVIÇO É PURA EXPERIÊNCIA DA MARCA. Minha sugestão: imprima essa frase e distribua na próxima reunião de executivos. Coloque como protetor de tela nos computadores de todos os seus colaboradores. Faça *banners* e espalhe por todo o escritório da matriz. E embuta nessa frase a seguinte pergunta: COMO ESTAMOS NOS PREPARANDO PARA ISSO? Promova uma reunião de pauta única e pergunte a todos os seus executivos a mesma coisa: como estamos nos preparando para isso? E fique muito ciente de que isso não é uma tendência, uma onda passageira, modismo de marketing ou alguma hipótese minha. Posso lhe garantir com toda a certeza. Se não atingi-lo agora, pode estar certo de que vai impactar o seu negócio logo ali adiante.

E a reflexão que temos de fazer agora — urgente — é sobre o tamanho desse desafio e o que ele exigirá daqui para a frente. Pense bem: se hoje vendemos produtos e temos uma enorme dificuldade para preparar pessoas para entregar um nível mediano (muitas vezes, sofrível) de satisfação, imagine quando tudo depender de serviços — e, obviamente, de pessoas gerando experiências que impactam no valor da sua marca... Você está preparado? Está se preparando para isso? Isso está na sua pauta? Se não está, quando estará?

Não sei se você vai concordar comigo, mas creio que isso altera completamente o enfoque do jogo. Por isso espero que você esteja se preparando. Pois acredite, esse fator forçará muitas das empresas líderes que conhecemos a se transformar por completo para continuar vivas ou, pelo menos, competitivas no mercado.

Insight sete: a força do **feminino**

Este século será marcado pela força do feminino. Mais do que temos? Sim. Muito mais do que já temos de influência da mulher hoje. E isso terá um impacto muito significativo no desenvolvimento de produtos, na lógica do mercado, como também na forma como consumimos e lidamos com os serviços e, principalmente, com as experiências.

A mulher não terá mais somente o papel de influenciadora, como foi o seu importante papel nas últimas duas décadas. Mas agora também assumirá (como milhares de mulheres já assumiram) o de decisora na maioria das transações no mercado, sejam pessoais ou comerciais. Tudo vai passar por elas! Não importa se na aquisição de bens de consumo duráveis ou não duráveis, de aquisições comerciais robustas ou tímidas. O certo é que a grande maioria dessas compras terá o dedo e a palavra final da mulher. E este é um mercado de bilhões.

Então o marketing, além de todos os desafios, terá mais este. O de entender os movimentos de mercado e de estar atento a revisar constantemente suas práticas para compreender o mundo pelas lentes de quem terá uma enorme influência sobre o consumo deste século. Ou seja, para ter sucesso com a sua marca, você terá que avançar cada vez mais na ideia de interpretar o mundo pela lógica feminina. Porque isso pode fazer uma diferença enorme no seu resultado.

Mas isso para mim é só uma pequena parte da força do feminino no mercado.

Eu vou bem mais longe nesse raciocínio. E acredito que tudo o que abordamos (o papel-chave de decisora) será uma parte ainda muito pequena da importância da mulher no mercado e na sociedade perto do que imagino. A ideia de a mulher decidir a maioria das coisas será a parte visível do feminino nessa nova sociedade.

Minha tese é de que a mulher terá um papel muito mais importante porque a sociedade deste século terá características muito mais femininas do que masculinas. Depois de um período de muito estresse como o que estamos vivendo hoje, todos seremos forçados a nos transformar em algo melhor do que somos. E acredito que nesse esforço o viés do feminino tenha muito a contribuir.

Como mostrei a você, a sociedade do excesso tornou tudo muito árido para que consigamos decidir usando somente o lado esquerdo e racional do cérebro. E o efeito é uma espécie de fadiga de materiais (apropriando-me de um termo da engenharia). Estamos cansados de números superlativos e de argumentos racionais que não fazem mais sentido, não só porque perdemos a noção dos valores, mas também porque, para nos proteger, nos bloquemos. A gente finge que não vê mais esse tipo de argumento. E toda esta ladainha racional baseada em vantagens mínimas vira paisagem. Pano de fundo do nosso cérebro, que só nos confunde.

Acredito que nos reinventaremos como seres humanos e como sociedade a partir da óptica do feminino. Dessa forma, para nos proteger do excesso e para evoluir, construiremos uma sociedade mais espiritualizada, mais intuitiva, mais emocional e, por isso, muito mais feminina. Uma sociedade que vai tomar decisões mais emocionais do que racionais. Uma sociedade que se movimentará mais com o lado direito do cérebro (lado emocional) do que com tabelas de Excel, calculadoras HP e planilhas na mão. E acredite, é aí que o poder do feminino fará uma enorme diferença: em nos ajudar a todos — homens, profissionais de marketing e CEOs — a entender esse novo mundo pelas suas lentes.

Tenha em mente também que mulheres naturalmente se movimentam e se conectam em redes, e que a sociedade que estamos construindo está sendo assentada sobre essa lógica e será chamada de "rede de pessoas". E não preciso lhe dizer que, nesse sentido, as mulheres levarão uma enorme vantagem frente aos homens.

Tenha em mente ainda mais alguns pontos importantes sobre a força do feminino nessa nova sociedade. Os homens se preocupam em fechar rápido a transação e as mulheres, ao contrário, em criar relações. E elas fazem isso em todas as situações e oportunidades que encontram. Agora imagine esse poder natural numa sociedade em rede. Dá para imaginar como elas transitarão com incrível naturalidade? Como as mulheres se sentirão à vontade numa sociedade em que o grande tecido que sustentará tudo (rede de pessoas) será a capacidade de construir relacionamentos? De novo, o feminino. De novo, elas. E pense também que, com a enorme capacidade de estabelecer redes, as mulheres saem da condição de somente grandes compradoras e transformam-se em potentes promotoras de tudo o que as encanta ou as convence.

Não acredita? Então, tente se lembrar da seguinte situação: da última vez em que um dos seus colegas homens chegou ao escritório e chamou todos os outros para mostrar o sapato que comprou. E fez recomendações para todos sobre a novidade. E contou todos os detalhes da compra. Contou como foi a negociação. E que até interpretou o diálogo com o balconista e o que disse na hora em que viu o sapato. Que compartilhou com todos a sua satisfação pela aquisição. Você se lembra? Não, eu sei que você não se lembra.

Você não lembra porque talvez esta cena nunca tenha acontecido na sua vida. Simplesmente porque homens nunca ou muito raramente fazem isso. As mulheres, ao contrário, fazem isso naturalmente, todo dia, com milhares de marcas que as encantaram — como também com as marcas que as decepcionaram. Por isso eu sempre digo que, com relação à mulheres, **ganhe uma mulher, ganhe várias. Perca uma, perca todas**. E finalmente não se esqueça do que afirma Tom Peters: "Mulheres não são um nicho, mulheres são o longo prazo. Mulheres não compram marcas. Aderem a elas".

Minha pergunta final sobre este *insight*: você está preparado para um mercado cada vez mais feminino? Está preparado para o mercado da mulher que vale bilhões? O que você está fazendo para participar disso? Como está se preparando para um marketing muito mais feminino?

Insight **oito:** a alavanca da **emoção**

Talvez você ache redundante falar de emoção quando acabamos de falar sobre o papel do feminino no mercado e na sociedade, mas acredito que, ainda assim, vale a pena. Quero reforçar uma coisa muito importante para o seu negócio e para a sua marca que não sei se você reparou: a porta de entrada ao consumidor mudou.

Isso mesmo, a porta de acesso ao consumidor foi alterada. Você sempre o acessou pela razão, pelo lado esquerdo do cérebro, mas agora precisará cada vez mais acessar o outro lado, o direito, o da emoção. Porque a emoção funcionará como uma alavanca poderosa para o futuro dos negócios. E isso mudará consideravelmente a forma de jogar o jogo. Você não acredita?

Ah! Eu sei. Eu sei o que você pensa. Você acredita que esse papo todo de decisões emocionais funciona bem com sapatos femininos, batons e cremes de beleza. Você está pensando assim, não é? Coisa de mulher? Você acredita que com as verdadeiras transações comerciais isso não acontece. Que no mercado "sério" dos homens de terno cinza e gravata vinho é outra coisa. Que no mercado B2B, por exemplo, isso está completamente fora de questão. Você acredita que em muitos mercados a razão ainda é a maneira de abordar. É isso? É isso que o incomoda nesse nosso papo de emoção e coisa e tal? Pode falar. Não se constranja.

Porque, se realmente é isso, então tenho uma notícia ruim para lhe dar: VOCÊ ESTÁ COMPLETAMENTE EQUIVOCADO!

Por quê? Porque a imensa maioria das nossas decisões cotidianas — pessoais ou comerciais — segue uma lógica muito mais emocional do que racional. "Os seres humanos são movidos pela emoção, não pela razão. Diversos estudos provaram que se o centro da emoção, em nosso cérebro, sofre um dano, não só perdemos a capacidade de rir ou de chorar, como também perdemos a capacidade de tomar decisões. O alarme sempre toca lá", diz Kevin Roberts.

"O pensamento consciente é lento e tem um gargalo muito estreito, o que significa que é muito difícil seguir mais de uma linha de pensamento por vez [e hoje temos muitas coisas para decidir porque não dá tempo de fazer tudo o que temos de fazer].

"O pensamento inconsciente, por outro lado, é muito rápido e não tem o mesmo gargalo. Por essa simples razão, a maior parte do tempo, nos negócios e na vida cotidiana, o que fazemos e dizemos é muito mais controlado pelos processos inconscientes implícitos do que pelos processos conscientes", afirma o neurocientista Ian H. Robertson em seu livro *O efeito vencedor.*

Ou seja, em quase todas as nossas decisões a emoção tem um peso muito forte. Mesmo as compras que achamos racionais, no fundo, são de alguma forma atingidas pelo emocional. Quer ver? Você sabe que, racionalmente, um carro é apenas um meio de locomoção. Concorda? Agora pense no seu. Quando você o comprou, pesquisou e comprou a marca e o modelo mais barato. Sim ou não?

Quando você escolhe sapatos, racionaliza que são apenas proteções para os pés e compra o mais resistente e o mais barato? Sim ou não? Tá bom, sapatos você vai alegar que é moda, que é coisa de mulher e não conta. Então vamos para um exemplo de coragem de homem e de racionalidade sobre estatísticas.

Se você tivesse que pegar um avião com urgência e só houvesse duas companhias aéreas — uma que você conhece muito bem e na qual confia, mas que está cobrando quatro vezes mais que o normal pela viagem, e uma outra, de que você nunca ouviu falar e que está cobrando ¼ do valor normal de mercado. Você optaria pela primeira ou pela segunda? Você aproveitaria a oportunidade e economizaria racionalmente uma grana ou não? Usando seu lado esquerdo do cérebro (racional), você sabe que a probabilidade de um acidente de avião seria muito remota. Por isso, racionalmente, você escolhe qual? A muito mais barata ou a companhia muito mais cara? Sim ou não?

Eu sei que no exemplo acima você vai dizer que não foi racional porque era a sua vida que estava em jogo e que não se brinca nessas horas. E vai alegar que numa situação normal não seria nada emocional. Então eu lhe pergunto sobre compras racionais. Seguros? Pode ser seguros? Isso é racional para você? Você faz cotação como todo mundo, compara os preços de duas ou três companhias e toma a decisão fria assim, não?

Então me diga como você agiria numa situação de compra de seguro para o seu patrimônio pessoal, se a situação se apresentasse assim: você recebe três propostas. Faz todos os cálculos e chega à conclusão sobre qual companhia oferece a melhor relação entre cobertura e valor da apólice. Você diz a si mesmo: é essa. O problema é que nunca ouviu o nome dessa companhia. Responda agora: assim mesmo confiaria todo o seu patrimônio a ela? Sim ou não? Provavelmente não. Sabe por quê? Porque racionalmente você concluiu pela melhor relação custo-benefício, mas seu cérebro emocional disparou um aviso de alerta que o fez "intuitivamente" desconfiar da proposta mais barata pela insegurança do desconhecimento da marca.

Nosso cérebro age o tempo todo assim. Confiança, desconfiança, fatores como estilo, vaidade, *status*, necessidade de reconhecimento etc. Você faz todos os cálculos, tem planilha de custos em casa e tenta agir o tempo todo da forma mais fria e racional possível, mas as evidências das suas compras dizem o contrário.

Diga-me, então, sinceramente, se você compra roupas só analisando a questão custo-benefício. Afinal, são somente vestimentas para o corpo, não? Responda-me se, quando sai com a família, só se alimenta em restaurantes mais baratos. É só alimentação, por que não? Diga-me, por último, se você só compra papel higiênico da marca mais barata para a sua casa. Sim ou não? Quer compra mais racional que esta? Você sabe a utilidade restrita que tem e sabe também que pode comprar a marca que quiser porque só você e a sua família vão saber. Não envolve modismos, nem estilo, nem vaidade, nada. É somente papel higiênico. Diga-me então se você compra, racionalmente, o mais barato. Sim ou não?

A lista de situações poderia ser enorme, mas o que eu quero lhe mostrar é que se pensássemos racionalmente não teríamos nem a metade das coisas que temos em casa. Eu afirmo que teríamos muito pouca coisa. E mais, racionalmente, não faríamos boa parte das coisas que fizemos...

Maurice Levy, *chairman* do Publicis Groupe, Paris, afirma que: "A grande maioria da população, entretanto, consome e compra com a mente e o coração, ou, se você preferir, com as emoções. As pessoas buscam uma razão lógica para a compra — o que o produto oferece e por que é uma escolha superior. E tomam uma decisão emocional — gosto dele, prefiro-o, me sinto bem com ele".

O que acontece, na verdade, é que as emoções têm uma influência enorme em todas as nossas decisões. Podemos ser muito racionais em muitos momentos da vida, mas, na maioria deles, nossa emoção está interferindo de alguma forma.

Mesmo que não saibamos nada sobre manutenção de aeronaves ou controles e protocolos de segurança, intuitivamente acreditamos que a companhia mais conhecida é mais confiável que a desconhecida. Porque na hora em que estamos decidindo racionalmente que companhia aérea escolher, segurança e confiança misturam-se nas nossas mentes e disparam um alerta. O emocional toma conta e decidimos pela nossa intuição: vamos pela companhia aérea conhecida, mesmo pagando muito mais caro.

Mesmo quando compramos coisas caras, como carros, apartamentos e casas de praia, que são compras planejadas e muito bem programadas (se você não for um milionário), vai constatar que esteve envolvida uma dose considerável de emoção. Você pode ter feito muitos cálculos, mas vai perceber que a decisão sobre o carro não foi totalmente racional quanto você pensava que fosse, porque envolveu o estilo do carro, a potência, o glamour da marca, a velocidade de 0 a 100, o *status*, o prazer de ver a cara dos seus amigos... E, no final, vai concluir que não sobrou quase nada racional nessa compra, a não ser o carnê de pagamento em suas mãos. Ou, no caso do apartamento ou da casa, que teve forte influência pelo *status* do bairro, o nome da rua, o nível do condomínio, entre outras tantas coisas — que você diz não importarem.

O que precisa estar claro para você é que a emoção sempre esteve presente em nossa vida e sempre norteou nossa tomada de decisões na hora da compra. Mas quero alertá-lo de que, nessa sociedade do excesso, com o enorme ruído da mídia e com o supercongestionamento de promessas em nossas mentes, a emoção tomará um lugar de muito maior destaque ainda. Ela será a alavanca deste nosso século. E acredite, a única porta de acesso aos seus consumidores.

E sua marca? Está preparada para lutar numa arena que não é racional?

Insight nove: mais **tempo**, menos **pressa**

Nessa imensa panela de pressão em que nos metemos, pode acreditar que o *insight* "mais tempo, menos pressa" pode ser muito bem recebido por todos nós. Porque, numa sociedade em que tudo ficou "rápido demais", trabalhar com a ideia de desacelerar pode ser um poderoso bálsamo para a nossa saúde física e mental.

Não preciso dizer a você que, nos últimos anos, desaprendemos a fazer muita coisa em função de ter que fazer sempre tudo muito rápido. O porquê não sabemos. Só fomos sendo tomados por essa ideia. E fomos colocando mais velocidade em tudo o que fazíamos. Até chegar ao ponto em que chegamos, onde nada mais pode ser lento. Mesmo aquelas coisas que deveriam ser, como a alimentação, o sexo ou a convivência com nossos filhos. Mas não, tudo foi encurtando em favor de uma pressa que não sabemos no que resulta. Aceleramos tudo e já não sabemos o que ganhamos com isso. Você sabe?

Pense bem. Veja tudo o que hoje você faz muito rápido. Você certamente começou a agir assim para que pudesse fazer outra coisa mais importante com o mesmo tempo. Você comprou tecnologia para fazer mais rápido e ganhar tempo. O problema é que não sobrou esse tempo. Você enfiou outra coisa na agenda e fez mais rápido para encaixar outro compromisso, e assim com muitas outras coisas. E, então, passamos a fazer tudo com muita pressa e não ganhamos nada com isso.

Você ganhou? Você tem algum tempo de sobra ao correr como corre? Eu acredito que não. Como eu também não tenho tempo nenhum. Ninguém tem. E todos corríamos para fazer mais rápido o que fazíamos com a ideia de conquistar mais tempo livre. Não conquistamos e, assim, viramos reféns de nossa própria busca de velocidade. Hoje só corremos. Lamentavelmente, hoje corremos para correr. E, eu lamento informar, acho que fomos enganados nessa corrida.

Então pense em como desacelerar e reduzir a pressão sobre os seus clientes. Pense se não existem maneiras de oferecer um pouco de alívio para o público de sua marca oferecendo menos pressa e mais calma. Pense se não existem maneiras de brindá-lo com um pouco mais de calma e de tempo para o que ele acha que tem valor na vida dele.

Pense se "calma" não pode ser um produto do seu negócio. Por que não? Imagine se não existem maneiras de oferecer serviços em torno da ideia de desaceleração. Pois acredite, isso tem um valor enorme para todos nós. Pense se não existe uma maneira de contrariar o mercado e oferecer *slow* para aquilo que estamos acostumados a comprar *fast*.

Confesso a vocês que sempre que compro pão na padaria penso nisso. Morro de saudades do tempo em que pão era pão de qualidade. Do tempo em que você comprava pão num dia e podia comer no outro e ele continuava pão. Tinha outro sabor. Lembro-me do pão de "meio quilo de farinha de semolina" que eu buscava de manhã cedinho na padaria quando menino. Só duas fornadas. Uma às 6 da manhã e outra por volta das 5 da tarde. Hoje, saem muitas fornadas. Tudo *fast*. A cada meia hora nos supermercados sai uma, mas o pão tem validade de três horas. Se você demorar no supermercado ele já chega velho em casa. Por quê? Porque não podemos mais esperar nada. Tudo precisa ser rápido. Mesmo que sem qualidade nenhuma.

Então pense se isso não pode ser um ótimo *insight* para você, para a sua vida ou para o seu negócio e a sua marca. Lembre-se do que defendemos o tempo todo neste livro quando falamos da busca de diferenciação: **quando temos alguma coisa em abundância, passamos a valorizar o que é escasso.**

Quando temos muito uma coisa, valorizamos a outra que temos sob restrição. E um dos bens mais escassos para todos nós hoje é o tempo. Precisamos de tempo até para repensar o próprio sentido do tempo na nossa vida. Uma espécie de trégua para a nossa própria transformação.

Insight dez: o resgate da **paixão**

Deixei este *insight* por último porque paixão é parte do título deste livro e porque paixão permeia um pouco todo o tecido desta abordagem. Vejo a força e o efeito da paixão em cada um dos capítulos. E você pode estar se perguntando por que um livro de negócios valoriza a paixão a ponto de colocá-la como parte do título. E eu lhe explico: PAIXÃO PARA MIM É O MOTOR DE QUEM ENCONTROU SENTIDO NA VIDA E SIGNIFICADO NAQUILO QUE FAZ. PAIXÃO ACABA SENDO CONSEQUÊNCIA DE QUEM ENCONTRA SIGNIFICADO NO QUE FAZ.

Por isso ela é traço comum — que salta aos olhos — nos profissionais diferenciados e brilhantes que encontramos no mercado, como é traço comum envolvendo marcas que se destacaram no meio do rebanho corporativo. Se tem marca de sucesso, você vai ver, tem muita paixão envolvida. Se tem marca fazendo diferente e obtendo resultados, pode acreditar que tem paixão por trás. Porque paixão é assim, ela não consegue ser escondida ou abafada. Não importa se em profissionais ou em marcas corporativas; se tem paixão, isso brota internamente e contagia quem está fora.

Por isso eu acredito que a paixão como significado representa pontos de desequilíbrio para marcas pessoais ou para marcas corporativas, de empresas ou organizações. Por quê?

Porque acredito muito que pessoas apaixonadas pelo que fazem são capazes de coisas geniais, de coisas grandiosas, de coisas realmente transformadoras. Encontre meia dúzia delas e elas transformarão a sua organização. Porque elas funcionam como fermento. Basta um pouquinho delas que o efeito pode ser o de contagiar e transformar todos à sua volta.

Eu defendo a ideia de que os apaixonados pelo que fazem são "as pessoas certas" que o americano Jim Collins recomenda que devemos encontrar e colocar nos lugares certos, em seu livro *Empresas feitas para vencer*. Assim como ele fala das "pessoas certas", os apaixonados pelo que fazem também levam o negócio para o caminho certo mesmo sem uma estratégia definida pela empresa. Para elas não interessa muito se existe ou não uma estratégia clara. Elas não se conformam e vão à procura. Elas se colocam no jogo, se oferecem, vão atrás. Elas movem os obstáculos que precisam ser removidos e fazem o que é preciso fazer.

Não preciso dizer que os apaixonados fazem muito mais que todo o resto. Fazem mais e melhor. E produzem maior volume em menos tempo. Porque "se entregam" mais e com isso também entregam muito mais que todos os outros.

Mas os apaixonados também têm uma coisa muito especial que faz diferença nas organizações de hoje: eles fazem tudo com um sorriso no rosto e os olhos brilhando. E isso funciona como uma bandeira interna para os departamentos que têm o prazer de compartilhar o espaço com esses apaixonados. Eles funcionam como farol, como luz para o grupo. Eles dão o rumo, a batida da coisa, e forçam a vibração da organização para cima. Também são os primeiros a se responsabilizarem pelo que deu errado e a compartilhar as vitórias.

E assim eles acabam sendo o contraponto de energia. O grupo com suas vibrações força para baixo para equalizar na média, e os apaixonados colocam-se como um *outlier* — um ponto fora da norma, fora da curva padrão —, forçando para cima. E, dessa forma, os apaixonados, além de entregarem mais e com mais qualidade, funcionam como pontos de desequilíbrio para qualquer marca ou organização.

Por isso acho que nós, como gestores de nossas organizações, deveríamos pensar muito sobre o grau de paixão que temos internamente. Ou, de outra forma, se temos ou não a capacidade de atrair apaixonados para o nosso lado e formarmos equipes de alta performance lideradas por eles. Ou, ainda, a pergunta poderia ser outra: em que medida estamos tendo sucesso em fomentar a paixão dentro das nossas empresas? Esta talvez seja a grande pergunta. Porque eu não tenho dúvida de que eles fazem uma diferença enorme.

E não pense que eu acho fácil. Eu bem sei, pela experiência nas minhas próprias empresas, as dificuldades que passamos quando se trata de pessoas. Mas entre as minhas próprias dificuldades como gestor e as minhas tantas divagações conceituais sobre pessoas e os apaixonados, acabei fortalecendo uma crença sobre isso. E essa crença segue dois princípios.

O primeiro deles é que acredito que muitas organizações bem-intencionadas estão erradas em pedir para seus colaboradores se motivarem e vestirem "a camisa" da empresa. Minha crença é de que o que devemos fazer é incentivar cada um dos colaboradores a **VESTIR A SUA PRÓPRIA CAMISA** —PRIMEIRO **COMPREENDENDO O SIGNIFICADO DAQUILO QUE FAZ,** PARA DEPOIS TENTAR **ENCONTRAR A SUA PRÓPRIA PAIXÃO.**

O segundo princípio não é meu, mas do Tom Peters, que diz que ninguém pode motivar ninguém. Nas palavras dele: "Odeio a palavra motivação. Eu a odeio porque a ideia de que eu 'motivo' você é ultrajante — e arrogante. Dizendo o óbvio: só você pode se motivar". Então eu acredito que devemos abrir as portas para receber os apaixonados e lutar muito para criar um ambiente dentro da organização que seja terra fértil para eles "brotarem". Como também devemos incentivar os sem paixão a encontrarem a sua, mesmo que ela seja fora da nossa empresa. Porque a porta da motivação é uma porta que só abre por dentro (ouvi isso e não sei de quem é a autoria, mas adoro e concordo plenamente). E só você e ninguém mais tem essa chave ou a capacidade de encontrar sentido no que faz. E é da compreensão do sentido e do significado que surge a paixão.

Acredito que a missão mais nobre dos CEOs — a que deveria estar na pauta deles com muito destaque na agenda e ser tema na reunião do conselho de acionistas — seria a de pensar sobre o SENTIDO e o SIGNIFICADO da ORGANIZAÇÃO que controlam ou que dirigem. E a pergunta-chave deveria ser: qual é o significado da nossa marca e o que podemos fazer para que ele se transforme numa causa maior que nossa própria organização, uma causa capaz de atrair não só uma legião de apaixonados excelentes, mas também capaz de transformar alguma coisa na sociedade?

bibliografia

BEDBURY, Scoth; FENICHELL, Stephen. *O novo mundo das marcas*. Rio de Janeiro: Campus, 2002.

BENDER, Arthur. *Personal Branding*. São Paulo: Integrare, 2009.

BRABANDERE, Luc de. *O lado oculto das mudanças*. Rio de Janeiro: Campus, 2006.

CORTELLA, Mário Sérgio. *Qual é a tua obra?* Petrópolis: Vozes, 2007.

DAVIS, Melinda. *A nova cultura do desejo*. Rio de Janeiro: Record, 2003.

HONORÉ, Carl. *Devagar: como um movimento mundial está desativando o culto à velocidade*. Rio de Janeiro: Record, 2005.

KEEN, Andrew. *Vertigem digital. Por que as redes sociais estão nos dividindo, diminuindo e desorientando*. Rio de Janeiro: Zahar, 2012.

MARTINS, José. *A natureza emocional das marcas*. São Paulo: Negócio, 1999.

MOON, Youngmee. *Diferente: quando a exceção dita a regra*. Rio de Janeiro: Best Business, 2011.

NAISBITT, John; NAISBITT, Nana; PHILIPS, Douglas. *High tech, high touch: a tecnologia e a nossa busca por significado*. São Paulo: Cultrix, 2006.

NORDSTROM, Kjell A.; RIDDERSTRALE, Jonas. *Funky Business*: *talento que movimenta capitais*. São Paulo: Makron Books.

PETERS, Tom. *As pequenas grandes coisas: 163 maneiras para conquistar a excelência*. Rio de Janeiro: Agir, 2011.

PETERS, Tom. *Reimagine!* São Paulo: Futura, 2004.

RIES, Al; RIES, Laura. *A origem das marcas*. São Paulo: M. Books, 2006.

ROBERTS, Kevin. *Lovemarks. O futuro além das marcas*. São Paulo: M. Books, 2004.

RODDICK, Anita. *Meu jeito de fazer negócios*. São Paulo: Negócio, 2002.

VOLPATO, Cadão (músico e escritor). *A era da incerteza*. São Paulo: Revista Vogue Brasil, junho de 2012, ed. 406, coluna Divã.

Outras referências e citações

Sobre o ranking das marcas que cita a valorização atual da rede social Facebook. Fonte: Interbrands, divulgada pela Folha Press em 08 de outubro de 2012.

Dados sobre o volume de informação disponível atualmente, citado no capítulo 6. Matéria do jornal *The New York Times*. A informação vem de um estudo da *Columbia Journalism Review*, publicada na *Times* pelo jornalista John Naish. A matéria constava do site: www.capparelli.com.br – Internet para crianças.

Informações sobre o suicídio de Simone Back em janeiro de 2011 (citado neste livro). http://colunistas.ig.com.br/obutecodanet/2011/01/11/mulher-anuncia-suicidio-pelo-facebook-e-mae-critica-seus-1082--amigos-que-nao-agiram/

Informações sobre o suicídio de Ashley Billasano (18 anos), em novembro de 2011, em Rosenberg, estado norte-americano do Texas (citado neste livro). http://noticias.sapo.mz/tecnologia/noticias/artigo/1200332.html

Matérias relacionadas

Sobre a compra de seguidores no Twiter e de curtidas no facebook:

www.band.com.br/noticias/eleicoes2012/noticia/?id=100000514338

www.agenciadzoe.com.br/marketing-interativo/como-aumentar-o-numero-de-seguidores-no-twitter-ou-fas-no-facebook/

www.hojeemdia.com.br/not%C3%ADcias/tecnologia/popularidade-%C3%A0-venda-no-twitter-1.5805

http://eleicoesnarede.blog.terra.com.br/2010/08/23/vendedor-de-spam-na-rede-critica-ao-envio-em-massa-e-falso-moralismo